Doris Fritzsche, Ibrahim Elmadfa

Das Frühstücksbuch für Kids

38 Farbfotos
30 Zeichnungen

Ulmer

Inhaltsverzeichnis

Vorwort

Warum wir ein Buch übers Kinder-Frühstück geschrieben haben? Ganz einfach, wir sind bewusste „Frühstück-Esser“, und wir sind überzeugt, dass Frühstück uns Menschen einfach gut tut! Familien, die sich Zeit nehmen für diese erste Mahlzeit am Tag, starten besser durch, sind konzentrierter und besser gelaunt. Wer frühstückt, vermeidet Heißhungerattacken und damit die Entwicklung von Übergewicht durch unkontrolliertes Essen.

In unserer hektischen Zeit nehmen sich leider immer weniger Menschen Zeit für die Gestaltung gesunder Mahlzeiten. Gerade die erste Mahlzeit des Tages ist jedoch ganz besonders wichtig. Denn fehlt das Frühstück, kann die geistige und körperliche Leistungsfähigkeit am Vormittag eingeschränkt sein.

Wir haben dieses Buch übers Kinder-Frühstück auch deshalb geschrieben, weil wir als Ernährungswissenschaftler einen Beitrag dazu leisten wollen, dass wieder in mehr Familien gefrühstückt wird und Kinder ein gesundes Pausenfrühstück mit zur Schule nehmen.

Wir wünschen uns, dass Familien mit Hilfe der Tipps und Rezepte aus diesem Buch entdecken, wie viel Freude gemeinsames Frühstück machen kann.

Doris Fritzsche
Ibrahim Elmadfa

Guten Morgen!

„Morgens um sieben ist die Welt noch in Ordnung“ für den kleinen Romanhelden Gaylord – so der Titel des berühmten Bestsellers von Eric Malpass.

Ganz anders sieht das der Stoffwechselmotor im Körper, für ihn ist um diese Zeit nicht alles in Ordnung: Auch nachts läuft dieser Motor weiter und erfüllt dabei eine Vielzahl von Aufgaben – sozusagen im Schlaf. Viele Liter Blut müssen gepumpt werden – vom Kopf bis zum großen Zeh, alle Organe erhalten lebenswichtigen Sauerstoff, die Körpertemperatur wird auf 37 Grad Celsius gehalten und die Zellen werden mit Blutzucker versorgt. Und das alles, obwohl während der Nacht kein Nahrungsnachschub erfolgt!

Tagsüber kommt die Energie für den Stoffwechselmotor – gemessen in Kalorien oder Joule – aus der Nahrung.

Die erforderliche Energie für die verschiedenen nächtlichen Arbeiten kann der Stoff-

1 Kalorie ist die Energie, die benötigt wird, um 1 Gramm Wasser von 14,5 auf 15,5° Celcius zu erwärmen.

1000 Kalorien sind 1 Kilokalorie (kcal) und 1 kcal ist das Gleiche wie 4,184 Kilojoule (kJ)

wechsel glücklicherweise aus dem Kohlenhydratspeicher der Leber gewinnen. Sogar im Schlaf verbraucht unser Organismus in jeder Stunde etwa 50 kcal. Die Leber kann etwa 100 g Stärke (Glykogen) speichern. Diese Stärkemenge liefert eine Energiemenge von 400 kcal. Die Speicher der Leber reichen also gut für 8 Stunden.

So kann sich unser Körper stundenlang ausruhen, während gleichzeitig der Stoffwechsel weiter arbeitet und alle lebenswichtigen Vorgänge aufrechterhalten werden. Nach der Nacht ist der Speicher allerdings relativ leer und der Hunger kommt.

Jetzt ist es Zeit für ein leckeres Frühstück!

Initialzündung für den ganzen Tag

Am Morgen braucht der Stoffwechselmotor aktive Unterstützung. Neue Energie muss nachgetankt werden, um ihn richtig in Schwung zu bringen – am besten täglich. Immerhin steht ja auch ein anstrengender Vormittag auf dem Programm mit Unterricht, Schulsport und Pausenspielen. Ein aufgetankter Motor bringt eine viel bessere Leistung, und die ist wichtig für die geforderte Konzentration und die notwendige Muskelkraft. Der Treibstoff, den unser Stoffwechselmotor braucht, kommt aus den Nährstoffen, die in den Lebensmitteln stecken.

Zusätzlich brauchen wir **Mikronährstoffe**. Das sind Vitamine, Mineralstoffe und lebenswichtige Fettsäuren. Ballaststoffe sind wichtig, um den Darm aufzuwecken und in Schwung zu halten. Alle diese Nährstoffe bekommen wir durch die richtige Mischung von Lebensmitteln.

Energie steckt in bestimmten Nährstoffen. In **Kohlenhydraten** (Stärke oder Zucker) stecken 4 kcal pro 1 Gramm. **Eiweiße** liefern 4 kcal pro Gramm und **Fette** 9 kcal pro Gramm.

Nahrung für Gehirn, Nerven, Muskeln

Für Gehirn, Nerven und Muskeln sind Kohlenhydrate die wichtigste Energiequelle. Kohlenhydrate sind nichts anderes als Zucker in verschiedenen Gewändern. Kohlenhydrate stecken beispielsweise in Form von

- Stärke in Getreide und Kartoffeln und
- Zucker in Früchten und zu einem kleinen Teil auch im Gemüse.

Die Nährstoffe, die bei der Verdauung des Essens entstehen, werden vom Darm an das Blutsystem abgegeben und in den Zellen in Energie umgewandelt. Ein Teil wird direkt nach dem Essen verbraucht, der Überschuss kann im Körper gespeichert werden.

Morgens wie ein Kaiser...

Während des Vormittags sollten Kinder – genau wie Erwachsene – den größten Teil der nötigen Tagesenergie aufnehmen.

Morgens (essen) wie ein Kaiser, mittags wie ein Edelmann, abends wie ein Bürger. Diese alte Weisheit kannten schon unsere Urgroßeltern. Sie stimmt ziemlich genau mit den Erkenntnissen von heute überein. Dabei ist es besonders günstig, ein zweites Frühstück einzuschieben. Und damit die Zeit zwischen Mittagessen und Abendessen nicht zu lang ist und die Leistungskurve schön oben bleibt, sollte noch zusätzlich eine kleine Nachmittagsmahlzeit (Vesper) eingenommen werden (siehe Seite 12).

Ob das erste Frühstück die größte Energiemenge für den Vormittag enthält, hängt hauptsächlich davon ab, ob wir am frühen Morgen mit gutem Appetit essen können. Falls nicht, wird die Energie einfach gleichmäßig auf zwei oder sogar drei Frühstücke verteilt. Das erste Frühstück sollte wenigstens so viel Energie enthalten, dass wir bis zur ersten Essenspause mit ausreichend Energie versorgt sind.

Wichtig ist die Power für die ersten Stunden.

Es reicht schon aus, am frühen Morgen 1 Scheibe Vollkornbrot mit leckerem Aufstrich oder ein bis zwei Portionen Frühstücks-Drink oder ein Joghurt mit Früchten und Mandeln zu essen, um die ersten ein bis zwei Stunden leistungsfähig zu sein.

Wenn also das erste Frühstück nur klein war, sollten die weiteren Lebensmittel für den Vormittag möglichst auf mehrere Pausen verteilt werden, damit auch alles gegessen werden kann. Am besten die Pausensnacks gleich entsprechend der Pausenlängen in Portionen aufteilen. Denn selbst die „großen Schulpausen“ dauern üblicherweise nicht länger als 20 bis 25 Minuten. Kinder sollen in diesen Pausen essen, trinken und außerdem noch Zeit haben, sich an der frischen Luft austoben zu können.

Essens-Fahrplan

Einem erwachsenen Hund genügt eine einzige große Mahlzeit am Tag, darauf sind sein Magen und sein Darm eingerichtet. Für uns Menschen sind viele Mahlzeiten über den ganzen Tag verteilt am gesündesten, so wird die Gesamtenergie in Portionen aufgenommen und kann optimal eingesetzt werden. Am besten essen wir nach einem bestimmten Muster: dem Essens-Fahrplan. Praktisch bedeutet das, alle 2 bis 3 Stunden etwas zu essen. Dabei sollten sich große und kleine Mahlzeiten abwechseln.

zwischen 21:00 und 06:00	Ruhephase
zwischen 06:00 und 07:00	1. Frühstück
zwischen 09:00 und 10:00	2. Frühstück
zwischen 11:00 und 12:00	eventuell 3. Frühstück
zwischen 13:00 und 14:00	Mittagessen – warm oder kalt
zwischen 15:00 und 16:00	Zwischenmahlzeit am Nachmittag
zwischen 18:00 und 19:00	Abendessen – kalt oder warm
zwischen 20:00 und 21:00	bei Bedarf eine kleine Mahlzeit

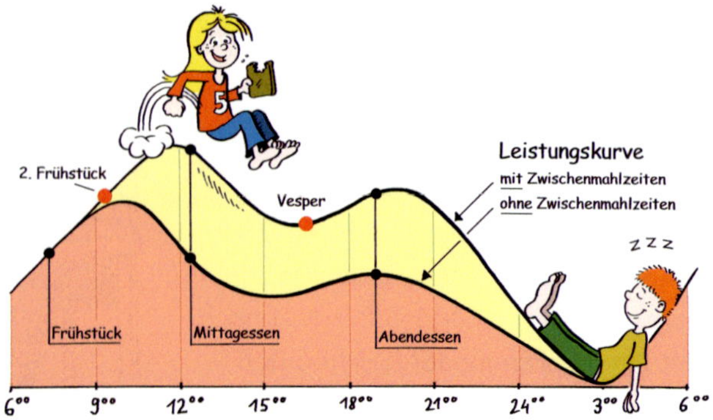

Der Essens-Fahrplan nach dem richtigen Timing sorgt für eine perfekte Leistungskurve. Die Leistungsfähigkeit während eines Tages steigt morgens an, erreicht zwischen 10:00 und 11:00 einen Gipfel und sinkt dann bis etwa 16:00 wieder ab. Um besonders die Tiefpunkte am Tag abzufangen, ist es wichtig, zu den richtigen Zeiten die richtige Menge zu essen. Man sieht ganz genau, dass die Leistungskurve viel höher liegt, wenn es außer Frühstück, Mittagessen und Abendessen auch noch kleinere Zwischenmahlzeiten gibt. Die erste Zwischenmahlzeit ist bei einem Schulkind in aller Regel das Pausenbrot. Dieses sollte das Frühstück am Morgen ergänzen: Wenn also ein Kind früh morgens nur wenig Hunger hat, sollte das Pausenbrot üppiger ausfallen. Ideen für ein abwechslungsreiches Pausenbrot finden Sie im Folgenden.

Tipps und Verpackungstricks fürs Pausenfrühstück

Schlichte Pausenbrote stehen bei vielen Kindern nicht gerade ganz oben auf der Beliebtheitsskala. Aber mit ein paar Tricks lassen sich auch einfache

Pausenbrote aufpeppen. Wechseln Sie zwischen verschiedenen gesunden Brotsorten: mal Vollkornbrot mit Sonnenblumenkernen, mal Dinkelvollkornbrot oder auch mal zwei verschiedene Brotsorten zu einem „Doppeldecker“ zusammenklappen – so wird das Pausenbrot nicht langweilig. Auch die Form kann wechseln: mal das Brot in Dreiecke schneiden, mal in kleine Rechtecke oder Quadrate. Produzieren Sie keine „Riesenbrote“ – das schreckt Kinder eher ab. Auch ein Pausen-Burger kommt prima an – einfach ein Vollkornbrötchen mit Käse, Gurke, Tomate und Eissalat belegen, dazu etwas Ketchup oder Frischkäse.

Fragen Sie Ihr Kind unbedingt, mit was es das Pausenbrot belegt haben möchte, oder lassen Sie es das Pausenbrot selbst belegen. Schneiden Sie Obst und Rohkost in Stifte, so können Kinder gesund naschen. Wer weder Obst noch Rohkost mitnehmen mag, bekommt eine ungezuckerte Saftschorle in die Trinkflasche abgefüllt. Auch ein Muster – eingeschnitzt in die Gurkenschale – verlockt Kinder zum Essen, oder auch kleine bunte Gemüsespieße oder ein Zauberapfel (siehe Foto auf Seite 14).

Auch ein kleines Müsli kann in einem bruchsicheren Gefäß mitgegeben werden, die Milch dazu wird entweder schon mitgenommen – natürlich getrennt vom Müsli in einer Trinkflasche – oder in der Schule gekauft.

Und: Ab und zu ein kleines Überraschungsextra macht gute Laune: ein kleiner Joghurt mit frischen Früchten, eine witzig geformte Karotte, etwas Studentenfutter, Trockenfrüch-

te oder Nüsse, wenn eine anstrengende Klassenarbeit ansteht.

Das besondere Geheimnis des Pausenbrotes liegt jedoch in der Verpackung: Kinder mögen ihr Pausenbrot besonders gern, wenn es auch nach dem Transport von zu Hause bis zur Schule noch gut aussieht. Stecken Sie dafür das Klappbrot in eine Extratüte aus Butterbrotpapier. Das ist umweltfreundlich und Sie verhindern, dass das Brot auseinander rutscht und sich mit sonstigen Zutaten der Brotbox vermischt. Schreiben Sie auch ab und an noch eine kleine Mut machende Nachricht auf das Papier, da macht das Pausenfrühstück gleich noch mehr Spaß. Auch die geteilte Frühstücksbox ist ein Renner: Oben rein das Brot, unten rein Obst und Rohkost.

Lassen Sie Ihrer Phantasie freien Lauf und überraschen Sie Ihr Kind an Tagen, an denen Sie sich dafür Zeit nehmen können!

Lust auf Frühstück

Frühstücksfans starten fit und gut gelaunt in den Tag. Sie haben ausreichend Kraft und Energie für Sport, Spiel, Unterricht und Arbeit. Mit einem guten Frühstück sind wir also einfach „gut drauf".

Das Schönste ist, sich gleich beim Aufstehen schon aufs Frühstück freuen zu können. Das funktioniert am besten dann, wenn der Frühstückstisch schön gedeckt wird und leckere Sachen darauf stehen, die dann in aller Ruhe gegessen werden können. Wichtig ist auch zu wissen, dass eine fröhliche und freundliche Stimmung herrschen wird.

Wer richtig frühstückt, verbessert seine Reaktionsfähigkeit und vertreibt die Müdigkeit am Vormittag. Also, ran an den Frühstückstisch und die richtigen Energiequellen nachtanken!

So wird das Frühstück zum Ereignis

Gute Vorbereitung macht es leichter. Morgens ist die Zeit oft knapp. Da ist es oft besser, wenn der Tisch schon am Abend vorher so weit wie möglich vorbereitet wird. Auch einige Müslis können schon vorbereitet und über Nacht kühl gelagert werden, so dass sie morgens in wenigen Minuten fertig gestellt werden können.

Extra-Tipp für die Eltern. Lassen Sie doch Ihre Kinder aussuchen, was es am nächsten Morgen zum

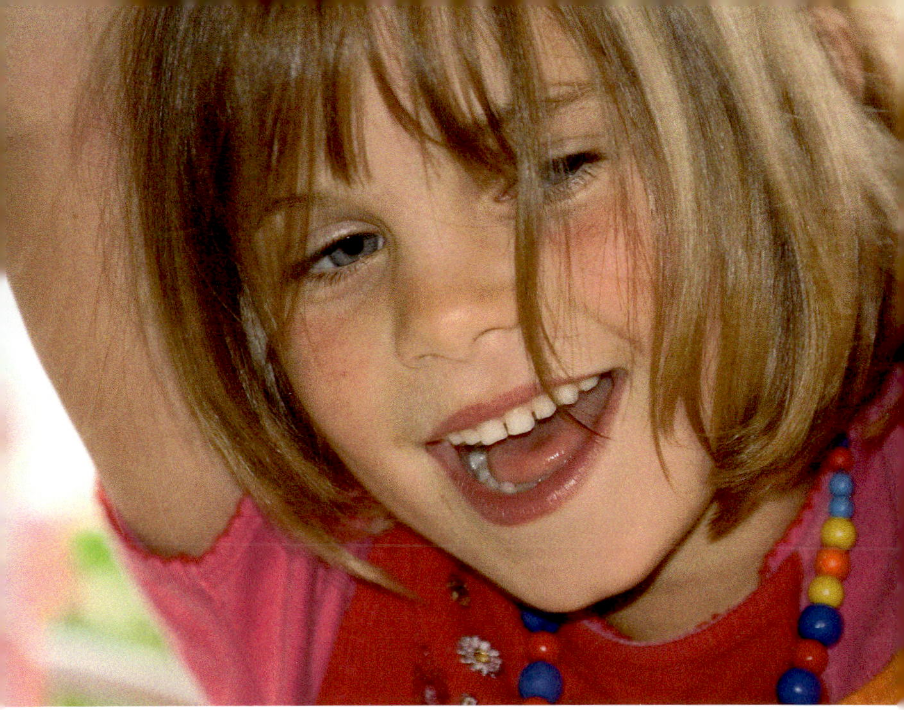

Frühstück geben soll. Die Bilder im Rezeptteil des Buches können eine gute Anregung sein. Beziehen Sie Ihre Kinder in die Zubereitung mit ein – denn was selbst hergestellt wurde, schmeckt noch mal so gut.

Rechtzeitig aufstehen. Frühstücken braucht Zeit. Es ist ideal, etwa 20 bis 30 Minuten für diese erste, wichtige Mahlzeit des Tages einzuplanen und den Wecker entsprechend zu stellen. Wenn der Tag ohne Hetze und Zeitdruck beginnen kann, fällt das Konzentrieren in der Schule leichter.

Gute Stimmung macht Lust aufs Frühstück. Streit und Ärger haben beim Frühstück nichts zu suchen –

und übrigens auch nichts bei den anderen Mahlzeiten des Tages. Das Frühstück kann jedoch eine gute Zeit sein, um wichtige Absprachen zu treffen: Wer kommt wann zum Mittagessen? Was ist am Nachmittag geplant?

Extra-Tipp für die Eltern. Zwingen Sie Ihr Kind nicht, den Teller leer zu essen. Besser ist es, Sie helfen Ihrem Kind, die Mengen, die es essen kann, selber herauszufinden. Setzen Sie Lebensmittel nicht als Strafe, zum Trost oder als Belohnung ein.

Erwachsene sind Vorbilder für Kinder. Wenn sich die Eltern an den Tisch setzen, um den Tag gut gelaunt mit einem leckeren Frühstück zu beginnen, setzen sich die Kinder auch gerne dazu.

Extra-Tipp für die Eltern. Wenn es Ihnen wichtig ist, dass Ihre Kinder frühstücken, sollten Sie mit ihnen gemeinsam frühstücken.

Die richtige Auswahl. Leckeres Essen in der richtigen Zusammenstellung hinterlässt auch ein gutes Gefühl (siehe Seiten 30, 42, 54). Verschiedene Schüsselchen mit den einzelnen Frühstückskomponenten machen Lust aufs Zugreifen und selber Mischen.

Gerüche wirken. Wenn der Raum gelüftet ist und mit frischer Luft angefüllt ist, duftendes Brot, aromatische Früchte und

Gemüse auf dem Tisch stehen, macht das Lust auf Frühstück.

Extra-Tipp für die Eltern. Kinder reagieren empfindlicher auf Gerüche als Erwachsene! Die Fähigkeit, zu riechen, nimmt mit dem Alter ab. Vermeiden Sie am frühen Morgen bewusst stark riechende Speisen – es sei denn, es handelt sich um den intensiv duftenden Lieblingskäse der Kinder.

Farben wirken. Farbwirkung kann ganz leicht mit farbigen Tischsets, Geschirr, Servietten erreicht werden oder je nach Jahreszeit mit rotbackigen Äpfeln, Erdbeeren, Orangen oder Möhren.

Rot ist die Farbe des Feuers, erregt Aufmerksamkeit, steht für Vitalität und Energie.
Gelb ist die Farbe der Sonne, steht für Licht, Heiterkeit und Freude.
Grün ist die Farbe der Wiesen und Wälder und ist eine beruhigende Farbe.
Blau ist die Farbe des Himmels und steht für Ruhe.

Rituale wirken nach
Wenn Kinder Frühstück als etwas Schönes erleben und merken, wie gut es ihnen tut, werden sie auch als Erwachsene für dieses erste wichtige Ritual des Tages sorgen.

Was tun mit echten Frühstücksmuffeln?

Ihr Kind ist ein waschechter Frühstücksmuffel? Dann brauchen Sie Geduld und Durchhaltevermögen und Sie müssen sich richtig etwas einfallen lassen, um Ihr Kind zum Frühstücken zu bewegen. Wecken Sie es gut gelaunt, richten Sie ebenso gut gelaunt den Frühstückstisch her, mit witzig gefalteten Servietten, bunten Sets oder anderer kreativer Tischdeko – so dass Ihr Kind sich gerne hinsetzt. Wenn es erst einmal sitzt, haben Sie schon halb gewonnen. Setzen Sie sich unbedingt zu Ihrem Kind und essen Sie selbst in Ruhe und mit Appetit, das regt zum Nachahmen an! Bieten Sie Ihrem Kind nicht zwingendermaßen Ganzkornbrot an, sondern Vollkornbrot aus fein gemahlenem Getreide oder auch Vollkornknäckebrot und ab und zu Bauernbrot. Finden Sie heraus, ob Ihr Kind das Müsli lieber kernig oder weich mag. Je nach Vorliebe können Sie das Müsli entweder schon am Vorabend zubereiten, damit es gut durchweicht, oder erst kurz vor dem Frühstück. Im Rezeptteil finden Sie viele leckere Müslirezepte zum Ausprobieren. Besonders Müslis mit geraspeltem Apfel stehen bei Kindern hoch im Kurs. Wenn Ihr Kind ein Lebensmittel gar nicht mag, akzeptieren Sie das, aber streichen Sie es keinesfalls endgültig von der Speisekarte.

Ihr Kind möchte unbedingt Nuss-Nougat-Creme aufs Brot? Legen Sie einfache Regeln für süße Brotaufstriche fest: beispielsweise Nuss-Nougat-Creme nur am

Wochenende und keine Butter unter die Creme, etwas Obst dazu und ein ungesüßter Tee – prima! Das Müsli ist nicht süß genug? Süßen Sie mit ein paar Rosinen oder süßen Früchten oder rühren Sie etwas Honig in die Milch. Oder Sie backen ab und zu Ihr Brot oder Ihre Brötchen selbst – beispielsweise in Tierform: kleine Mäuse oder Igel – selbst gemacht schmeckt es einfach besser! Stellen Sie auch immer etwas klein geschnittenes Obst parat: Apfel- oder Orangenschnitze sowie Bananenstücke rutschen gut.

Sie haben ein Kind, das am Morgen noch gar nichts „herunterbringt“? Machen Sie ihm einen Frühstücksdrink, Flüssiges rutscht einfach besser. Ist der Drink richtig zubereitet, erhält Ihr Kind trotzdem die wichtigsten Nährstoffe für einen guten Start in den Tag. Bei den Rezepten finden Sie Beispiele, die leicht nachzumachen sind. Auch mal nur ein Saft, eine Milch oder eine – warme oder kalte – Milch mit Kakao sind besser als ein leerer Magen. Geben Sie dann bewusst ein vollwertiges Pausenbrot mit (siehe Seite 86) und denken Sie an das Getränk zum Brot!

Falls alles nichts hilft, können Sie ja in der Schule das Klassenfrühstück anregen.

Der Familien-Frühstücks-Kalender

Die Familie kann gemeinsam eigene Regeln fürs Frühstück finden, das macht Spaß und alle bemühen sich, die Regeln einzuhalten. Der Reihe nach darf zunächst jedes Familienmitglied zusätzlich zu den 15 Regelvorschlägen noch eine eigene Regel aufschreiben. Derjenige, der beim Würfeln die höchste Augenzahl hat, darf als erster eine weitere Regel aufschreiben.

Wenn alle Familienmitglieder eine eigene Regel notiert haben, darf angekreuzt werden. Jeder macht bei den Regelvorschlägen ein Kreuzchen, die er sich als Familien-Regel wünscht. Zum Schluss geht es um die Einigung. Es werden alle Regeln mit Buntstift markiert, die der Mehrzahl der Familienmitglieder wichtig sind. Wenn sich die Familie auf Familien-Frühstücks-Regeln geeinigt hat, müssen die Regeln nur noch eingehalten werden. Auch hier sind Geduld und Durchhaltevermögen gefordert.

Wichtig: Die Regeln gelten für alle!

Unsere Familien-Frühstücks-Regeln

Diese Regeln sind uns wichtig!	Bitte ankreuzen
1 Alle helfen beim Tisch decken.	
2 Der Tisch soll schön gedeckt sein.	
3 Beim Frühstück soll jeder am Tisch sitzen.	
4 Wir wollen gemeinsam frühstücken.	
5 Beim Frühstück soll keiner fernsehen.	
6 Keiner meckert übers Essen.	
7 Wir kauen mit geschlossenem Mund.	
8 Beim Frühstück wird nicht gestritten.	
9 Wir reden nicht mit vollem Mund.	
10 Wir nehmen uns Zeit fürs Frühstück.	
11 Wir beachten das Pyramiden-Prinzip.	
12 Wir beachten die Ampelwahl.	
13 Wir beachten die Jahreszeit.	
14 Wir essen selten Süßigkeiten.	
15 Alle helfen beim Abräumen.	
16	
17	
18	
19	
20	

Vollwertiges Frühstück – echt wertvoll!

Ein Frühstück, das vollwertig zusammengestellt wurde, ist unschlagbar für die Leistungsfähigkeit am Vormittag – es ist gesund und hält lange vor. Mit einem vollwertigen Frühstück im Bauch

- sind wir wacher,
- können wir uns besser konzentrieren,
- können wir klarer und schneller denken und
- können eine bessere körperliche Leistung erbringen.

Ein vollwertiges Frühstück hält die Leistungskurve besonders gut oben, denn der Blutzuckergehalt steigt dann langsamer an und bleibt auf einem gleichmäßigen Niveau. So bekommen alle Zellen regelmäßig genug Energie zugeführt und die Frühstücksfans sind den ganzen Vormittag über energiegeladen (siehe Seite 12).

Tipps zum vollwertigen Frühstück

Die Deutsche Gesellschaft für Ernährung (DGE) hat allgemeine Tipps für eine vollwertige Ernährung und gesunde Lebensführung formuliert.

1.  Vielseitig auswählen, schmackhaft und schonend zubereiten.
→ Kombi-Trick für die Lebensmittelgruppen und Abwechslung innerhalb der Gruppe.

2. 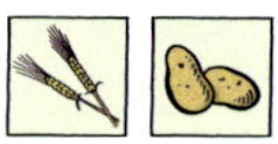 Mehrmals am Tag: Getreide und Getreideprodukte, reichlich Kartoffeln.
→ Gleich zum ersten Frühstück mit Müsli, Vollkorngetreideflocken oder Vollkornbrot starten. Auch am Vormittag für die Pausen Leckeres aus Vollkorngetreide.

3.  Gemüse und Obst: „Nimm 5 am Tag“.
→ Zum ersten und zweiten Frühstück je eine Portion Obst oder Gemüse oder ein Glas Saft, dann sind 2 von „5 am Tag“ schon erreicht – super!

4.  Täglich Milch oder Joghurt. Käse aufs Brot.
→ Zu Müsli oder Getreideflocken passen ganz prima Joghurt oder Milch. Aufs Vollkornbrot passt am besten Käse.

5.  Wenig Fleisch, Geflügel, Wurst und 1- bis 2-mal pro Woche Seefisch.

→ Aufs Vollkornbrot nur selten Wurst oder Fleischwaren.

6.  Wenig tierische Fette und täglich Pflanzenöl – am besten Rapsöl, Sojaöl oder Margarine aus diesen Ölen oder Nüsse/Mandeln.

→ Nüsse oder Mandeln als Ergänzung zu Getreideflocken und Joghurt. Gute Margarine in Reformqualität (ohne gehärtete Fette) aufs Brot.

7.  Wenig Süßigkeiten, Eis, Kuchen.

→ Zum Frühstück und in den Pausen am Vormittag nur selten Süßes oder gesüßte Cerealien, Müsliriegel und Co.

8.  Viel trinken: Täglich 1,5 bis 2 (3) Liter Wasser, Mincralwasscr, ungesüßten Kräutertee oder Früchtetee.

→ Am besten Wasser oder ungesüßten Tee zum Frühstück und zum Pausenbrot.

9. Langsam essen und gründlich kauen.

→ Morgens ausreichend früh aufstehen. Und: Zum Essen immer hinsetzen! Lebensmittel und Besteck aus der Hand legen, solange man kaut!

Das Geheimnis der Pyramide

Damit wir richtig mit Energie und allen nötigen Nährstoffen versorgt werden, brauchen wir Nahrung, die ganz speziell auf die Bedürfnisse unseres Organismus abgestimmt ist. Am besten gleich morgens. Genau wie unterschiedliche Tierarten auch ganz verschiedene Nahrung brauchen, um gesund zu bleiben. Das kennen wir von unseren Haustieren oder wenn wir im strengen Winter Futter für die Vögel aufhängen.

Die beste Nahrung für uns ist eine besondere Mischung verschiedener **Lebensmittelgruppen**. Nur so

können wir auch alle Stoffe bekommen, die nötig sind, um gut versorgt zu sein. Diese Mischung kann man gut zeigen, wenn die Lebensmittelgruppen in Form einer Pyramide angeordnet werden.

Der Platz der Gruppe innerhalb der Pyramide zeigt uns, wovon wir viel und wovon wir wenig essen sollten. Das, was unten ist, ist die Basis, davon können wir viel essen. Die Spitze der Pyramide ist das, wovon wir nur wenig essen sollten: Süßes, Chips und Co. Trotzdem: Ein bisschen Naschen ist o.k.!

Die verschiedenen Lebensmittel in der Pyramide sind auf 6 Stufen verteilt:
Die Basis der Pyramide bilden Getreide, Getreideprodukte und Kartoffeln. Die 2. Stufe bilden Gemüse und Obst, Stufe 3 sind Milch, Milchprodukte und Käse. Getrocknete Hülsenfrüchte wie Linsen und

Bohnenkerne sind zusammen mit Fisch, Fleisch und Wurstwaren auf der vierten Stufe zu finden. Auf Stufe 5 haben Pflanzenöle, Pflanzenmargarine, Nüsse, Mandeln und andere Samen ihren Platz. Und ganz oben auf Stufe 6 sind die „Extras" angesiedelt, das sind alle Süßigkeiten, gesüßte Getränke, Kekse, salzige Knabberwaren, Snacks und ähnliches.

Alle Lebensmittelgruppen sind lebenswichtig, nur die „Extras" könnten auch wegfallen.

Essen nach dem Pyramiden-Prinzip

Kombiniert man seine Lebensmittel nach dem Pyramiden-Prinzip, kann man sicher sein, dass man mit allem Wichtigen versorgt ist. Denn jede Lebensmittelgruppe erfüllt eine eigene Aufgabe für die Lieferung lebenswichtiger Nährstoffe. Die Gruppen können deshalb auch nur sehr eingeschränkt gegeneinander ausgetauscht werden.

Gesunde und vollwertige Frühstücke können ganz einfach sein. Wichtig sind die richtige Kombination und eine gute Auswahl. Bei den folgenden Beispielen sind die ersten 3 Stufen vertreten, ergänzt durch Stufe 5, und es wurden wertvolle Lebensmittel ausgewählt.

- Vollkornbrot mit Margarine oder Butter (dünn bestreichen) und Schnittkäse. Dazu eine große Portion frisches Gemüse.
- Naturjoghurt mit Getreideflocken oder Müsli. Dazu frisches Obst und obendrauf eine Hand voll Nüsse.
- Vollkornbrot mit Schnittkäse. Dazu ein Obstsalat mit Mandeln oder Nüssen.

Wasserturm für genug Flüssigkeit

Pro Pyramidenstufe ein Getränk, das macht also täglich 6 große Gläser (0,3 Liter). Mineralwasser, Wasser, Kräuter- oder Früchtetee sind ideal, am besten zu jedem Essen und für zwischendurch ein Glas. Außerdem natürlich auch Fruchtsaftschorle (etwas weniger als die Hälfte Saft, den Rest mit Mineralwasser auffüllen), insbesondere bei sportlichen Aktivitäten.

Fruchtsaftschorle liefert Mineralstoffe nach, die beim Sport mit dem Schweiß verloren gehen, ist also vor und nach dem Sport der perfekte Durstlöscher!

Milch ist kein Getränk im eigentlichen Sinne, sondern ein flüssiges Nahrungsmittel. Sie liefert viel Energie, Vitamine und Mineralstoffe – besonders Calcium. Wegen des hohen Energiegehaltes kann man mit ihr jedoch nicht den gesamten Flüssigkeitsbedarf decken! Milch also nicht als Durstlöscher, sondern als Zwischenmahlzeit einsetzen.

Saft und Co.

Ein Glas Saft kann beim Frühstück ein Stück Obst ersetzen. Das ist prima für alle, die morgens noch wenig Appetit haben. Saft ist jedoch nicht gleich Saft. Es gibt ihn direkt gepresst oder aus Konzentrat hergestellt, pur oder verdünnt. Apfelsaft gibt es außerdem naturtrüb oder klar.

Für die Saftherstellung dürfen nur frische, gesunde und reife Früchte verwendet werden!

In unterschiedlichen Verfahrensschritten entstehen unterschiedliche Getränke:

Direktsaft enthält 100 % Fruchtsaft. Nur natürliche Antioxidationsmittel wie Pro-Vitamin A, Vitamin C und E dürfen zugesetzt werden.

100 % **Saft aus Konzentrat**: Dabei wird dem Direktsaft mit Hilfe eines Vakuumverdampfers das fruchteigene Wasser entzogen und geschmackgebende Aromastoffe abgetrennt. Dabei gehen auch Geschmacksstoffe und temperaturempfindliche Inhaltsstoffe wie Vitamin C verloren.

Dieselbe Menge Flüssigkeit in Form von Trinkwasser wird vor dem Abfüllen des Safts wieder ergänzt. Ebenfalls Aromen und meist auch Vitamin C. Farb- oder Konservierungsstoffe dürfen nicht zugesetzt werden. Säfte aus Konzentrat können Sie am Etikett erkennen. Beispielsweise bei einem Apfelsaft an dem Hinweis „aus Apfelsaftkonzentrat“.

Säfte kühl und dunkel lagern. Denn die im Saft enthaltenen Vitamine sind licht- und wärmeempfindlich.

Fruchtnektar und **Fruchtsaftgetränk**: Für einen Liter Getränk werden 300 bis 500 Milliliter Saft verwendet und der Rest mit Wasser, Zucker, Süßstoffen und eventuell Antioxidationsmitteln aufgefüllt.

Mit der Ampel zur Entscheidung

Bei einer guten Lebensmittelauswahl innerhalb der Lebensmittelgruppen sollten wir aus den Stufen jeweils so oft wie möglich natürliche und wenig behandelte Lebensmittel auswählen – also dem Wortsinn nach **wertvolle** Lebensmittel.

Mit vollwertigen Nahrungsmitteln können wir unseren Körper besonders gut mit lebenswichtigen Vitaminen, Mineralstoffen, Fettsäuren und Ballaststoffen versorgen.

Vollwertige Lebensmittel sind frei von isolierten Zuckern und gehärteten Fetten, enthalten keine künstlichen Farbstoffe oder Konservierungsstoffe. Zusätzlich haben diese Lebensmittel eine hohe Dichte lebenswichtiger und funktionsfördernder Nährstoffe.

Außerdem enthalten vollwertige Lebensmittel meist keine Lebensmittelzusatzstoffe und sie riechen und schmecken natürlicher.

● Je weniger das Lebensmittel verändert ist, desto deutlicher liegt es im grünen Bereich. Also Gas geben und diese Lebensmittel so häufig wie möglich für die ganze Familie auswählen.

● Viele Lebensmittel liegen im mittleren Bereich. Sie sind ein Kompromiss, wenn vollwertige Lebensmittel nicht – oder noch nicht – gemocht werden.

● Je mehr das Lebensmittel verarbeitet und verändert wurde, desto mehr liegt es im roten Bereich: Stopp, diese Lebensmittel nur selten auswählen.

Hier einige Beispiele für unterschiedlich wertvolle Frühstücks-Lebensmittel:

- 🔴 Weißbrot
- 🟡 Mehrkornbrot
- 🟢 Vollkornbrot

- 🔴 Schokomüsli
- 🟡 Mischung aus Vollkornmüsli und gezuckerten Cornflakes
- 🟢 Vollkornmüsli ohne Zucker

- 🔴 gezuckertes Apfelmus aus dem Glas
- 🟡 Apfeldirektsaft
- 🟢 frischer Apfel

- 🔴 zuckerhaltiger Joghurt
- 🟡 halb und halb Joghurt mit Zucker und Naturjoghurt
- 🟢 Naturjoghurt

Es ist also besser, wenn wir statt Weißmehlprodukten lieber Vollkornprodukte wählen und gezuckerte Lebensmittel nur selten essen.

Getreide und Getreideprodukte sind gute Quellen für Magnesium und Eisen, für Vitamin E und die B-Vitamine B1, B2 und Niacin. Das gilt besonders, wenn wir Vollkorngetreide essen. Denn viele lebenswichtige Inhaltsstoffe stecken hauptsächlich in den äußeren Randschichten des Getreidekorns, also dicht unter der Schale. In Vollkornprodukten sind sie größtenteils noch vorhanden. Werden die Körner vor dem Mahlen geschält, geht ein Teil der Inhaltsstoffe mit der Schale verloren.

Vergleich Weizenvollkornbrot mit Weizenbrot:

100 g Weißbrot liefern durchschnittlich 236 Kilokalorien (kcal). Aber gemessen an der empfohlenen Tagesmenge bekommen wir von den lebenswichtigen Nährstoffen weniger als 10 %.

Dagegen liefern 100 g Weizenvollkornbrot nur 204 kcal und gleichzeitig reichlich lebenswichtige Mineralstoffe und Vitamine. Gemessen an der empfohlenen Tagesmenge bekommen wir durch 100 g Weizenvollkornbrot von den Mineralstoffen 20 % Magnesium und 13 % Eisen sowie von den B-Vitaminen 23 % B1, 12 % B2 und 25 % Niacin.

Getreideprodukte aus Vollkorn sind am wertvollsten!

Der Vergleich der beiden Brotsorten zeigt: hochwertiges Weizenvollkornbrot hat weniger Kalorien und mehr lebenswichtige Nährstoffe – also eine höhere Nährstoffdichte! Auch durch Zuckerzusatz sinkt die Nährstoffdichte.

Vergleich Naturjoghurt mit 1,5 % Fett (kleiner Becher) mit derselben Menge gezuckertem Fruchtjoghurt mit ebenfalls 1,5 % Fett:

Der Naturjoghurt liefert 55 kcal, der Fruchtjoghurt fast das Doppelte (98 kcal). Gemessen an der empfohlenen Tagesmenge liefert der Naturjoghurt mehr Calcium und Vitamin B2 als der gezuckerte Fruchtjoghurt. Denn der Fruchtjoghurt enthält eine ganze Menge leerer Kalorien in Form von zugesetztem Zucker.

Auswahl nach Saison-Angebot

Die Vollwertigkeit von Mahlzeiten kann noch erhöht werden, indem man beim Einkauf von Obst und Gemüse das jahreszeitliche Angebot berücksichtigt und entsprechend auswählt. Obst und Gemüse, das gerade Saison hat, ist ausgereift und steckt voller gesunder Nährstoffe. Und: Es riecht und schmeckt einfach besser.

Wir kennen das alle: Schon Weihnachten gibt es Erdbeeren im Supermarkt. Leider sehen sie meist nur aus wie Erdbeeren, aber ihnen fehlt der leckere Geruch von reifen Erdbeeren! Und spätestens die Geschmacksprobe liefert den Beweis: Weihnachten ist einfach keine Erdbeerzeit!

Tipp für Eltern: Versuchen Sie, so oft wie möglich nach jahreszeitlichem Angebot einzukaufen und vermitteln Sie auch Ihren Kindern dieses Wissen. Nehmen Sie Ihre Kinder mit auf den Markt, dort sind eher Jahreszeiten-abhängige Obst- und Gemüsesorten zu finden. Lassen Sie Ihre Kinder auch mal Obst und Gemüse riechen und anfassen, Kinder erfahren gerne alles mit den Sinnen.

Da viele Obst- und Gemüsesorten das ganze Jahr über in den Supermärkten zu finden ist, wissen besonders Kinder oft nicht, was wann wächst oder welche Sorten aus Lagerhaltung zu bekommen sind. Für einen schnellen Überblick gibt es auf Seite 125 einen kleinen Saison-Kalender.

Mengenlehre zum Frühstück?

Wir wissen jetzt schon viel über die gesunde Auswahl und Kombination von Lebensmitteln. Jetzt geht es noch darum, welche Lebensmittelmengen für uns richtig und wichtig sind.

Bei der Entscheidung für geeignete Portionen geht man am besten vom Gesamtbedarf an Energie aus. Diese Energie brauchen wir für die Arbeit unserer Organe und für die Aufrechterhaltung unserer Körpertemperatur sogar in der Nacht. Tagsüber kommen

Soviel Energie brauchen Kinder durchschnittlich in 24 Stunden:

Alter	Mädchen	Jungen
4 bis 6 Jahre	1400 kcal	1500 kcal
7 bis 9 Jahre	1700 kcal	1900 kcal
10 bis 14 Jahre	2000 kcal	2300 kcal

Und soviel Energie brauchen Jugendliche und Erwachsene durchschnittlich in 24 Stunden:

Alter	Frauen	Männer
15 bis 18 Jahre	2000 kcal	2500 kcal
19 bis 24 Jahre	1900 kcal	2500 kcal
25 bis 50 Jahre	1900 kcal	2400 kcal
51 bis 65 Jahre	1800 kcal	2200 kcal
über 65 Jahre	1600 kcal	2000 kcal

noch der Energiebedarf für Verdauung und Muskelarbeit dazu. Kinder brauchen außerdem Energie zum Wachsen. Ein 10-jähriges Mädchen braucht 2000 kcal, so viel braucht auch eine 18 Jahre alte Frau, aber auch ein 70 Jahre alter Mann. Ein 10-jähriger Junge braucht 2300 kcal, so viel braucht auch ein 50 Jahre alter Mann. Kinder benötigen also – im Verhältnis zu ihrem Körpergewicht – viel mehr Energie als Erwachsene.

Es ist nicht egal, woher die benötigte Energie kommt, denn wir brauchen ja außerdem eine ganze Reihe lebenswichtige Vitamine und Mineralstoffe. Die richtige Mischung der Lebensmittelgruppen und die richtige Menge davon (Tagesportionen) bringt die Lösung.

Tagesportionen – der Würfeltrick

Lebensmittelpyramide für Kinder (modifiziert nach aid): Die Würfel-Augenzahl links neben jeder Reihe zeigt, wie viele Portionen pro Tag ein Kind von dieser Gruppe essen sollte. Also 6 Portionen Getreide und Getreideprodukte oder Kartoffeln, 5 Portionen Obst und Gemüse, 4 Portionen Milch, Joghurt, Käse und Co., 3 Portionen Fisch, Fleisch, Hülsenfrüchte, 2 Portionen Margarine, Öle und Nüsse und nur 1 Portion „Extras“, also Süßes und Fettiges.

Soviel ist jeweils eine Würfel-Portion

1 Riegel Schokolade oder ein kleines Stück Kuchen **oder**
1 Hand voll gesalzene Nüsse oder Chip ... **oder**
1 Esslöffel Butter/Butterschmalz/Schmalz/Kokosfett **oder**
25 ml bis 30 ml Sahne oder sonstige leere Kalorien ca. 100 kcal

2 Esslöffel Pflanzenöl (möglichst Rapsöl) **oder**
25 g Margarine **oder**
30 g Nüsse, Mandeln oder 130 g Oliven, mariniert

15 g getrocknete Hülsenfrüchte **oder**
50 g magerer Fisch oder 20 g fetter Fisch (Lachs, Hering) **oder**
40 g mageres Fleisch oder 15 g Mett oder 10 g Salami

1 dünne Scheibe fettarmer Käse (15 g) **oder**
250 g fettarmer Naturjoghurt **oder**
1 Glas fettarme Milch (200 ml)

Gemüse, Rohkost, Salate (so viel wie in 2 Hände passt) **oder**
1 Stück Obst
z. B. 2 x Obst + 3 x Gemüse oder noch besser:
3 x Obst + 2 x Gemüse

1 Scheibe Vollkornbrot **oder**
3 Esslöffel Getreideflocken/Müsli (30 g) **oder**
30 g Reis/Nudeln, roh gewogen **oder**
2 Kartoffeln in Hühnereigröße

So könnten die Würfel-Portionen auf die verschiedenen Mahlzeiten des Tages verteilt werden:

Morgens	3 EL Müsli + 2 Scheiben Vollkornbrot	1 Stück Obst 1 Portion Rohkost	125 g Joghurt + 2 dünne Scheiben Schnittkäse		15 kleine Mandeln
Mittagessen	60 g Vollkornreis	2 Hände voll Gemüse		120 g mageres Fleisch oder Geflügel	1 EL Öl
Nachmittags		1 Stück Obst	125 g Joghurt		3 große Walnüsse
Abendessen	1 Scheibe Vollkornbrot	1 Portion Salat, Rohkost	1 dünne Scheibe Schnittkäse		1 EL Öl

Portionen insgesamt

Und so werden die Mahlzeiten dann zubereitet:
Morgens: 1. Frühstück: Apfel-Joghurt-Müsli wie auf Seite 56 beschrieben.
Während der großen Pause: Pausen-Doppeldecker wie auf Seite 86 beschrieben, zusätzlich eine große Portion Rohkost (beispielsweise 1 große Möhre oder Paprika).
Mittags: Putengeschnetzeltes mit Paprikastreifen und Tomatensoße, dazu Vollkornreis.
Nachmittags: Ein kleiner Naturjoghurt mit frischem Obst und gehackten Walnüssen.
Abendessen: Käsebrot und ein großer frischer Salat.

Die Hand bestimmt die Portion

Unsere Hände sind ein perfektes Maß für gesunde Ernährung! Viele Portionen können mit den Händen gemessen werden:

Vollkornbrotscheibe/Brotscheibe: Eine Portion ist so groß wie die ganze Handfläche mit ausgestreckten Fingern.

Beilagen wie Kartoffeln, Nudeln und Müsli: Jeweils zwei Hände voll sind eine Portion.

Gemüse und Obst: Eine Hand voll ist eine Portion.
Zerkleinertes oder tiefgefrorenes Gemüse, Salat und kleine Früchte (Erbsen, Feldsalat, Erdbeeren, Kirschen): Eine Portion passt in zwei Hände, die zur „Schale" gehalten werden.

Schnittkäsescheibe: Eine Portion ist so groß wie der Handteller.

Fisch: Eine Portion ist so groß wie die ganze Handfläche mit ausgestreckten Fingern.

Fleisch: Eine Portion ist so groß wie der Handteller.

„**Extras**": Die Portion für einen Tag passt höchstens in eine Hand.

Frühstück – auf der ganzen Welt bekannt

Das Frühstück ist die am Morgen verzehrte, erste Mahlzeit des Tages. Das Wort Frühstück geht zurück bis ins 15. Jahrhundert und meint das früh am Morgen gegessene Stück Brot.

Frühstück gibt es auf allen Kontinenten und in allen Kulturen. Allerdings unterscheiden sich in den verschiedenen Kulturkreisen Gestaltung und Dauer, aber auch der Umfang und die Lebensmittel, die zum Frühstück gegessen werden.

Beim Frühstück sind viele Menschen stark in ihren Traditionen verhaftet – deutlich mehr als bei anderen Mahlzeiten des Tages. Da sind wir viel mehr bereit, fremdländische Küchen auszuprobieren. Am frühen

Morgen sind wir offensichtlich noch nicht so experimentierfreudig.

Gleichgültig, welche Familientradition oder welche kulturelle Tradition unser bisheriges Frühstück bestimmt hat: Wir sollten unbedingt die Wirkung eines vollwertigen Frühstücks auf unsere Leistungsfähigkeit ausprobieren – es lohnt sich!

Ihr wisst jetzt schon viel über gesunde, vollwertige Frühstücke. Auf den nächsten Seiten erfahrt ihr, wie Kinder in verschiedenen Ländern Europas und der Welt frühstücken. Sicher unterscheiden sich die Frühstücke zusätzlich noch innerhalb eines Landes von Region zu Region und von Familie zu Familie.

Schaut euch doch die verschiedenen Frühstücke einmal genau an, und überlegt gemeinsam mit euren Mitschülern, Lehrern und Eltern, wie vollwertig die verschiedenen Morgenmahlzeiten in den verschiedenen Ländern sind. Überlegt, welche Lebensmittel fehlen und wie diese bei anderen Mahlzeiten des Tages ersetzt werden könnten.

Diese Übung ist auch ganz prima, falls ihr selber mal verschiedene Frühstücksarten zu Hause ausprobieren wollt. Denn selbst wenn ein Frühstück nicht ganz so vollwertig ist, wie es wünschenswert wäre – man kann im Laufe des Tages noch den gesunden Ausgleich schaffen. Oder sich andere Tricks einfallen lassen, wie man weniger wertvolle Lebensmittel gleich beim Frühstück ausgleichen kann. Beispielsweise Weißbrot durch eine große Portion Rohkost ergänzen.

So frühstücken Kinder in Europa

Anne und Tim leben in Deutschland.
Auf ihrem Frühstückstisch stehen Vollkornbrot und Brötchen (die heißen bei ihren Freunden in Berlin übrigens Schrippen). Dazu gibt es Margarine, Butter, Frischkäse, Käse, Aufschnitt, Marmelade und Honig. Seit einigen Wochen essen die beiden auch häufiger ein Müsli mit frischen Früchten. Immer am Sonntag gibt es für jeden zusätzlich ein weich gekochtes Ei. Sie trinken Früchtetee oder Wasser und ein Glas Saft. Auch eine Milch oder eine heiße Schokolade stehen manchmal auf dem Frühstückstisch.

Milch zählt übrigens als Lebensmittel. Wenn die heiße Schokolade mit wenig Zucker und Kakao selbst gekocht wurde, ist sie ganz o.k.

Silvie und Maurice leben in Frankreich.
Bei ihrem petit dejeuner gibt es ein Baguette, Marmelade, Kekse und Croissant oder ein ähnliches Gebäckteil wie Brioche (butterreiches Hefegebäck), meist ohne irgend einen weiteren Aufstrich. Sie trinken heiße Schokolade.

Lucy und Harry leben in England.
Zu ihrem breakfast gibt es Toast, Butter, Orangenmarmelade und andere Konfitüren, Honig und auch cereals (Porridge, Corn Flakes, Müsli). An manchen Tagen gibt es noch bacon, das ist gegrillter oder gebratener, in Scheiben geschnittener Schinken, scrambled egg (Rührei) oder fried egg (Spiegelei), sausage (gegrillte oder gebratene Würstchen),

tomato (gegrillte oder gebratene Tomate), mushrooms (gegrillte oder gebratene Champignons) und auch häufig baked beans (weiße Bohnen).

Manchmal gibt es zusätzlich zum Toast noch in der Pfanne geröstetes Brot – fried bread. Auch kippers (Räucherfisch: Makrele, Hering) und black pudding (gebratene Blutwurst) gibt es ab und zu. Zum Würzen steht auf dem Tisch Brown Sauce, das ist eine braune Soße, die etwa so dickflüssig ist wie Ketchup. Außerdem Senf und Ketchup. Zu trinken gibt es Fruchtsaft und Tee.

Lisa und Florian leben in Österreich.
Auf ihrem Frühstückstisch finden sie Brot und Semmeln – so heißen hier die Brötchen. Dazu Butter,

Käse, Wurst und Aufschnitt, Marmelade und Honig, und ab und zu gibt es auch ein gekochtes Ei. Als Getränk Tee und Saft.

Gianna und Paolo leben in Italien.
Zu ihrem colazione gibt es Zwieback, Butter, Marmelade, oder Cornetto (Hörnchen), manchmal Kuchen oder Obst. Erst beim späteren zweiten Frühstück gibt es ein Tramezzino. Das ist ein üppig belegtes Weißbrot mit Salmone (Lachs) oder insalata di gamberetti (Garnelensalat) oder tonno e carciofini (Thunfisch und Artischocken) oder mozzarella e acciughe (Mozzarella und Sardellen) oder uovo e tonno (Ei und Thunfisch) oder mozzarella e pomodoro (Mozzarella und Tomate).

Ingrid und Henrik leben in Norwegen
Ihr frokost ist meist reichhaltig mit verschiedenen Brotsorten und Brötchen, Butter, Margarine, Marmeladen, Honig, Cornflakes, Müsli, Joghurt, Fleischscheiben, Schinken und Wurst, verschiedenen Käsesorten, Eiern, Fischbeilagen, Frikadellen und Hefeteilchen, Milch und Orangensaft.

Gülbin und Feridun leben in der Türkei.
Zum kahvaltı essen die beiden ganz traditionell Weißbrot, Frischkäse aus Schafsmilch, Oliven und Tomaten. Wenn morgens der simitçi vorbeikommt, gibt es simit, das sind Sesamringe anstelle Weißbrot. Oder sie essen dann ande-

re Frühstücksbackwaren mit Schafskäsefüllung oder Hackfleischfüllung (poaça).

Irina und Mischa leben in Russland.
Zum Frühstück bekommen die beiden meist Kasha. Kasha ist ein russisches Nationalgericht, jede Familie hat ein eigenes Rezept für diesen Getreidebrei aus Buchweizen, Haferflocken, Roggenschrot und Maisgrieß. Beim Frühstück wird der Brei mit Milch, Butter und Zucker zubereitet. Außerdem gibt

es Quark und Kefir, Eier, gekochte Wurst oder Käse und Brot. Im Winter gibt es außerdem Bratkartoffeln, Spiegeleier, Omelettes oder Würstchen. Kinder bekommen in der Schule ein warmes Frühstück.

Frühstück auf anderen Kontinenten

Misaki und Takumi leben in Japan.
Zu ihrem asagohan (asa heißt Morgen, gohan bedeutet Essen) gibt es Reis, Nattō, eine traditionelle, sehr nahrhafte Speise aus vergorenen Sojabohnen, gebratenen Fisch und Misosuppe. Hauptgeschmacksgeber der Misosuppe sind Dashi, ein Fischsud, und Miso, eine Sojabohnenpaste. Feste Bestandteile der Misosuppe sind z.B. kleine Tofustücke, Wakame, dünne grüne Meeresalgen und Frühlingszwiebeln. Je nach Jahreszeit können auch noch Shiitakepilze in der Suppe zu finden sein. Die Suppe essen die beiden mit Stäbchen. Sie fischen zuerst die festen Bestandteile heraus und trinken dann die Suppe aus der Schüssel.

Dabei dürfen Misaki und Takumi laut schlürfen. Zaghaftes Schlürfen gilt dagegen als ungehörig.

Taylor und William leben in den USA.
Auf ihrem Esstisch stehen beim breakfast Frühstücksflocken, Toast oder Pfannkuchen mit Butter, Speck und Eierspeisen und Orangensaft. Ab und zu gibt es ein ganz umfangreiches American breakfast mit Speck, kleinen Würstchen, Eierspeisen, Pfannkuchen, Ahornsirup, Cerealien, Toast, verschiedenen Brotsorten, Butter, Marmelade, Früchten und Fruchtsäften.

Paula und Joan leben in Mexiko.
Zum desayuno essen sie verschiedene süße Backwaren und Obst, außerdem warme Speisen mit mexikanischen Tortillas, Maismehl-Fladen aus masa harina, einem speziellem Maismehl.

Jara und Lucio leben in Brasilien.
Zum manhã gibt es Maniokwurzel mit Butter oder Maniokbutter, manchmal auch Maismehl in Milch mit Salz oder Zucker, dazu Obst.

Sarah und David leben in Neuseeland.
Ihr breakfast ist reichhaltig und ist ganz ähnlich wie das klassische englische Frühstück mit Toastbrot, Marmelade, Speck, Eiern, Würstchen und Tomaten.

Li und Fuh leben in China.
Zum Frühstück essen sie Reissuppe, Nudelsuppe, Bohnenmilch, Teigstangen, Salzgemüse und andere warme Speisen, wie Jiaozi (gesprochen etwa: Dschiautse) das sind mit Fleisch gefüllte Teigtaschen, ähnlich wie Maultaschen in Dampf gegart.

Jamila und Hassan leben in einem arabischen Land.
Wenn in Arabischen Ländern gefrühstückt wird, dann besteht das Frühstück aus etwas Brot und Obst, Frischkäse, Honig und Za'atar (Majoran-Salz-Gemisch) und Olivenöl, manchmal foul (dicke Bohnen mit Öl, Zitrone und Salz). Als Getränk Wasser, Tee und manchmal warme Milch.

Frühstücksrezepte

Alles für ein feines Frühstück

Ein echtes Fitmacher-Frühstück sollte nach Möglichkeit die folgenden Zutaten enthalten:

1. Ein wertvolles Getreideprodukt wie Vollkornbrot oder -brötchen oder Müsli.
2. Milchprodukte wie Käse, Joghurt oder Trinkmilch.
3. Obst oder Gemüse wie Möhren, Tomaten, Apfel, Birne, Beeren usw.

Alle folgenden Rezepte enthalten einen wahren Cocktail an Vitaminen und Mineralstoffen:
Die **Müslis** enthalten reichlich Kalium, Calcium, Magnesium und Eisen, Vitamin E, B-Vitamine und viel Vitamin C.
Die **Brote** enthalten ebenfalls immer Kalium, Calcium, Magnesium und Eisen, B-Vitamine, Vitamin C und Beta-Carotin.
Je nach **Brotbelag** kommt auch noch Vitamin C ins Spiel.
Auch die **Drinks** und **Shakes** enthalten reichlich Mineralstoffe, B-Vitamine und Vitamin C.

Besonderheiten zu Inhaltsstoffen oder Zutaten sind bei den Rezepten erwähnt.

Schnell und einfach selbst gemacht: Apfel-Joghurt-Müsli

Müslis rutschen morgens oft leichter als belegte Brote. Sie stecken voller wertvoller Nährstoffe. Selbst ein richtig raffiniert aussehendes Müsli kann jedes Kind im Handumdrehen selber machen – das macht Spaß und so siehst Du selbst, was drinsteckt.

Ausrüstung:

1 grobe Reibe

1 tiefer Teller

1 Messer

1 Brettchen

Zutaten:

1 kleiner Apfel

1 kleiner Becher Naturjoghurt (125–150 g)

2 Esslöffel Getreideflocken

(Haferflocken oder Flockenmischung)

100 g frische Früchte (gemischt)

oder 1 kleines Stück Obst

1 Esslöffel Mandeln oder Nüsse

1. Zuerst den Apfel gründlich waschen.

2. Jetzt den ungeschälten Apfel mit einer groben Reibe über einem tiefen Teller raspeln. Den

Apfel dabei immer wieder drehen, und so lange raspeln, bis du beim Kerngehäuse angelangt bist. Gut auf die Finger achten, nur den Apfel raspeln!

3. Über die Apfelraspel gibst du einen Becher Joghurt.

Tipp: Bis hierher kannst du das Müsli schon am Abend vorbereiten. Deck die Apfel-Joghurt-Mischung ab und stell sie in den Kühlschrank – morgens ist das Müsli dann ganz fix zubereitet!

4. Unter die Apfel-Joghurt-Mischung rührst du 2 Esslöffel Getreideflocken.

5. Schneide das Obst klein und gib es auf das Apfel-Joghurt-Müsli – das sieht schön bunt aus und schmeckt einfach lecker.

6. Zum Schluss noch die Mandeln oder Nüsse oben drauf – fertig!

Guten Appetit!

Guten-Morgen-Müsli

Für 1 Portion:

2–3 Esslöffel Basismüsli (siehe Rezept Seite 60)

1 ungeschälter Apfel

150 g Joghurt

So wird's gemacht

1. Apfel gut waschen, achteln, entkernen und quer in feine Scheiben schneiden.
2. Mit der Müslimischung und dem Joghurt mischen.

Das Guten-Morgen-Müsli schmeckt lecker knackig und nussig! Und es ist wirklich alles drin, was Du für einen **guten Start in einen aktiven Tag** benötigst.

Basismüsli-Mischung

Für 10 Portionen:

100 g Vollkornhaferflocken

100 g Roggenflocken

25 g Weizenkeime, getrocknet

75 g gehackte Mandeln

50 g Sonnenblumenkerne

50 g Leinsamen

So wird's gemacht:

1. Alle Zutaten mischen.
2. In ein lichtgeschütztes Schraubglas oder eine hübsche Dose füllen.

Das Basismüsli kann für viele Müsli-Rezepte verwendet werden: mal mit frischem Obst, mal mit getrocknetem Obst, mal mit Milch, mal mit Joghurt. Immer neue Ideen machen aus dem Basismüsli ein **Allround-Müsli!**

Brain-Power-Müsli

Für 1 Portion:

2 Esslöffel Getreideflockenmischung / Müslimischung

150 ml Joghurt

50 ml Milch

1 Apfel

1 Esslöffel Rosinen

1 Esslöffel goldgelber Leinsamen

etwas Honig nach Wunsch

So wird's gemacht:

1. Getreideflocken mit Joghurt und Milch verrühren.
2. Apfel waschen, vierteln, entkernen und in mundgerechte Stücke schneiden.
3. Rosinen dazugeben, alles mischen, eventuell mit etwas Honig abschmecken.
4. Zur Abrundung und Dekoration Leinsamen über das Müsli streuen.

Das Brain-Power-Müsli ist ideal vor einer anstrengenden Klassenarbeit: Es ist eine super **Hirn- und Nervennahrung!**

Birchermüesli

Für 1 Portion:

1 gestrichener Esslöffel Haferflocken

Esslöffel Wasser

1 Esslöffel Zitronensaft

1 Esslöffel süße Sahne

200 g Apfel, möglichst säuerliche Sorte

1 Esslöffel Haselnüsse oder Mandeln, gerieben

So wird's gemacht:

1. Haferflocken mit Wasser verrühren und über Nacht (12 Stunden) einweichen.
2. Am Morgen Zitronensaft und süße Sahne zufügen und zu einem Brei vermischen.
3. Den Apfel auf einer Reibe mit der Schale direkt hineinreiben, öfter umrühren, damit sich das Apfelfleisch nicht bräunt.
4. Haselnüsse oder Mandeln darüber streuen.

Dies ist beinahe das Originalrezept nach Dr. Bircher-Benner, der statt süßer Sahne jedoch Kondensmilch verwendet. Wer es noch fruchtiger mag, kann zusätzlich zwei Hände voll **frisches Obst** in mundgerechten Stücken über dem Müsli verteilen.

Zack-Zack-Banana-Müsli

Für 1 Portion:

150 ml Joghurt oder Milch

1 Esslöffel Vollkornhaferflocken

2 Esslöffel Cornflakes

1 Esslöffel Bananenchips (getrocknet, ohne Zucker)

10 gehackte Mandeln

So wird's gemacht:

1. Joghurt oder Milch in eine Schale geben.
2. Haferflocken, Cornflakes, Bananenchips und Mandeln mischen und dazugeben.

Dieses köstlich-süße Müsli ist in zwei Minuten fertig.

Ein Muss für jeden Bananen-Fan!

Durch die Cornflakes und die Bananenchips wird's schön knusprig.

Tutti-Frutti-Müsli

Für 1 Portion:

150 g Joghurt

2 Esslöffel Basismüsli (siehe Rezept Seite 60)

100 g Beeren oder sonstiges Obst

10 g getrocknete, ungeschwefelte Aprikosen

So wird's gemacht:

1. Joghurt mit der Müslimischung mischen.
2. Die Aprikosen in feine Streifen schneiden und unter das Müsli mischen.
3. Obst waschen, trockentupfen und in mundgerechte Stücke schneiden.
4. Obst über dem Müsli verteilen.

Das Tutti-Frutti-Müsli schmeckt herrlich süß und lecker! Es bietet einen **Rundum-Gesund-Start** in den Tag: Super für die Konzentration! Super für die Abwehrkräfte!

Fruchtiges Schrot-und-Korn-Müsli

Für 1 Portion:

30 g Sechs-Korn-Getreide (Roggen, Weizen, Hafer, Buchweizen, Gerste, Hirse), grob geschrotet

Wasser zum Einweichen

1 getrocknete Feige

1 Teelöffel Mandelblättchen

2 bis 3 Esslöffel Milch

1 mittelgroßer Apfel, einige Beeren zum Dekorieren

Birne oder anderes Obst der Saison

So wird's gemacht:

1. Am Abend den Getreideschrot mit der eineinhalbfachen Menge Wasser zu einem dicken Brei verrühren und zugedeckt im Kühlschrank über Nacht stehen lassen.

2. Am nächsten Morgen die Feigen in Stückchen schneiden, zusammen mit den Mandeln zum gequollenen Getreidebrei geben.

3. Die Milch untermischen.

4. Den Apfel waschen, entkernen, grob reiben und unterrühren, mit Beeren und in feine Spalten geschnittener Birne garnieren.

Nussiges Schrot-und-Korn-Müsli

Für 1 Portion:

2 Esslöffel 6-Korn-Mischung (Roggen, Weizen, Hafer, Buchweizen, Gerste, Hirse), geschrotet

1 Esslöffel Hafer, geschrotet

Wasser

Milch oder Joghurt

2 Esslöffel Beerenfrüchte nach Saison, frisch oder tiefgefroren und aufgetaut

1 Esslöffel Walnüsse oder Haselnüsse

So wird's gemacht:

1. Hafer und 6-Korn-Mischung mit der eineinhalbfachen Menge Wasser zu einem dicken Brei verrühren.
2. Zugedeckt im Kühlschrank bis zum nächsten Morgen stehen lassen.
3. Mit so viel Milch oder Joghurt verrühren, dass ein schöner Brei entsteht.
4. Obst darüber verteilen.
5. Walnüsse oder Haselnüsse grob hacken und darüber streuen.

Früchte-Knusper-Zauber

Für 1 Portion:

2 Esslöffel Vollkornhaferflocken

1 Teelöffel Buchweizen

1 Teelöffel Leinsamen

5 Mandeln, gehackt

1 Teelöffel Sesamsamen

1 Teelöffel Kokosflocken

1 Esslöffel Rosinen

1 getrocknete Aprikose

1 getrocknete Feige

150 g Joghurt

frisches Obst nach Saison

So wird's gemacht:

1. Buchweizen, Leinsamen, gehackte Mandeln, Sesamsamen und Kokosflocken in einer beschichteten trockenen Pfanne leicht anrösten.

2. Trockenfrüchte in feine Streifen schneiden. Joghurt in einen Teller geben, Flocken, geröstete Kerne und Trockenfrüchte darüber geben.

3. Das Obst in mundgerechte Stücke schneiden und auf dem Müsli verteilen.

Abwehrkräfte-Müsli

Für 1 Portion:

150 g Joghurt

1 Teelöffel Honig

1 Esslöffel Sanddornsaft

4 Esslöffel Haferflocken

1 getrocknete Aprikose

1 kleine Orange

1 Esslöffel Mandeln, gehackt

So wird's gemacht:

1. Joghurt mit Sanddornsaft und Honig verquirlen.
2. Die Orange schälen und in kleine Stücke schneiden.
3. Aprikose in Streifen schneiden und untermischen.
4. Flocken ebenfalls untermischen. Orangenstücke und Mandeln darauf verteilen.

Dieses Müsli ist ein prima **Vitamin-C-Lieferant**. Die Früchte des Sanddorns enthalten etwa zehnmal mehr Vitamin C als Zitronen. Vitamin C ist wichtig für die Gesundheitspolizei in unserem Körper.

Klassenarbeits-Müsli

Für 1 Portion:

150 g Joghurt

1 Esslöffel Haferflocken

1 Esslöffel Weizenkeime, getrocknet

1/2 Banane

100 g Himbeeren

1 Esslöffel gekeimte Sonnenblumenkerne

So wird's gemacht:

1. Joghurt mit Haferflocken, Weizenkeimen, Banane und Himbeeren pürieren.
2. Gekeimte Sonnenblumenkerne oder Sonnenblumenkerne darüber geben.

Sonnenblumenkerne keimen zu lassen macht viel Spaß und geht ganz einfach: Dafür 1 Esslöffel Sonnenblumenkerne (ohne Schale!) 12 Stunden lang einweichen. Dann 2 Tage sprießen lassen, dabei zweimal täglich durchspülen, damit sich kein Schimmel bildet. Am Schluss sollte der Keim etwa ebenso lang sein wie der Kern. Die fertig gekeimten Kerne schmecken knackig-frisch und sind besonders gesund. Dieses Müsli ist super für die Konzentration!

Geheimnis der Azteken – Minipops mit Zimt

Für 1 Portion:

3 Esslöffel Haferflocken

1–2 Esslöffel Hirseflocken

1 Esslöffel Bananenchips (getrocknet ohne Zucker)

1 Esslöffel Rosinen

1 Esslöffel Kokosnussflocken

150 ml Milch oder Joghurt

1 Esslöffel gepuffter Amaranth (Reformhaus)

Zimt

So wird's gemacht:

1. Getreideflocken, etwas zerkleinerte Bananenchips, Rosinen und Kokosflocken mischen.
2. Milch oder Joghurt darüber geben.
3. Mit Amaranth-Pops und Zimt bestreuen.

Amaranth gehört zu den ältesten Kulturpflanzen der Menschheit. Bereits Inkas und Azteken verehrten Amaranth als „Wunderkorn“. Die Zusammensetzung der Inhaltsstoffe ist hochwertig, der fein-nussige Geschmack einzigartig.

Trink-Müsli

Für 4 Portionen:

60 g Haferflocken (Schmelzflocken)

1 kleine Banane

300 g Joghurt

Apfelsaft zum Auffüllen

So wird's gemacht:

1. Fruchtfleisch der Banane zusammen mit Haferflocken und Joghurt pürieren.
2. Mit Apfelsaft auf 1 Liter auffüllen.

Dieses **Trinkfrühstück** macht etwas länger satt. Es enthält reichlich Mineralstoffe für sportliche Aktivitäten und ist eine super Nervennahrung, wenn Konzentration angesagt ist!

Sonnenjoghurt

Für 1 Portion:

150 g Joghurt

1 Orange

1 Esslöffel Sonnenblumenkerne

So wird's gemacht:

1. Orange schälen, vierteln und quer in Scheibchen schneiden.
2. Joghurt in einen tiefen Teller füllen, Orangenscheiben darüber geben.
3. Mit den Sonnenblumenkernen bestreuen.

Schön nussig schmeckt es, wenn die Sonnenblumenkerne in einer beschichteten, trockenen Pfanne leicht angeröstet werden. Allein die Farben des Sonnenjoghurts machen schon gute Laune! Er ist ein prima **Mini-Frühstück** zur Stärkung der Abwehrkräfte und hält euch fit bis zur ersten Pause.

Rote-Grütze-Joghurt

Für 1 Portion:

150 g Joghurt

100 g Beeren, frisch oder tiefgekühlt und aufgetaut

1 Teelöffel rote Marmelade nach Geschmack

1 Esslöffel gehackte Mandeln

So wird's gemacht:

1. Joghurt in ein großes Glas füllen.
2. Beeren mit Marmelade mischen und darüber kippen.
3. Mit gehackten Mandeln bestreuen.

Dies ist ein **lecker-leichter Start** für alle Beerenfans, die morgens nur einen kleinen Appetit haben. Damit seid ihr fit für die Stunden bis zur großen Pause! Außerdem stärkt es die Abwehr.

Himbeer-Ananas-Shake

Für 4 Portionen:

400 g Himbeeren, frisch oder tiefgefroren
und aufgetaut

300 g Joghurt

300 ml Ananassaft

So wird's gemacht:

1. Himbeeren mit Joghurt gründlich pürieren.
2. Mit gut gekühltem Ananassaft auf 1 Liter auffüllen.
3. Auf 4 Gläser verteilen.

In nur zwei Portionen aufgeteilt ist dieser Shake auch ein **schnelles Trinkfrühstück** für den kleinen Appetit. Er ist ein prima Drink an Sporttagen!

Erdbeer-Shake

Für 4 Portionen:

300 g Erdbeeren

200 g Joghurt

500 g Milch

So wird's gemacht:

1. Erdbeeren zusammen mit dem Joghurt pürieren.
2. Gut gekühlte Milch mit einem Milchaufschäumer schaumig aufschlagen.
3. Aufgeschäumte Milch mit dem Erdbeer-Joghurt-Püree mischen.

Schmeckt natürlich besonders lecker mit **frischen Erdbeeren!** Aber auch außerhalb der Erdbeersaison kann man den Erdbeer-Shake genießen, dann einfach tiefgefrorene Früchte verwenden.

Vital-Drink

Für 4 Portionen:

1 kleine Banane

150 g Joghurt

Orangensaft zum Auffüllen

So wird's gemacht:

1. Fruchtfleisch der Banane in Stücke brechen.
2. Zusammen mit dem Joghurt pürieren.
3. Mit Orangensaft auf 1 Liter auffüllen und gut verquirlen.

Dieses Mini-Frühstück hat eine besonders appetitliche Farbe. Außerdem ist viel Gutes drin – prima für die Stärkung eurer **Abwehrkräfte!**

Exotic Drink

Für 1 Portion:

1 Kiwi

100 ml Orangensaft

100 ml Ananassaft

So wird's gemacht:

1. Kiwi schälen und in Stücke schneiden.
2. Mit den gut gekühlten Säften pürieren.

Der Exotic Drink sorgt für **Zusatz-Power** an Sporttagen und super zur Stärkung der Abwehr!

Power-Drink

Für 4 Portionen:

1 kleine Banane

4 Teelöffel Rapsöl

300 g Joghurt

200 ml Möhrensaft

400 ml Orangensaft

So wird's gemacht:

1. Banane schälen und in Stücke brechen.
2. Zusammen mit dem Öl und dem Joghurt pürieren.
3. Gut gekühlte Säfte zugeben und verquirlen.

Im Power-Drink ist viel Gutes: Er enthält zusätzlich reichlich Beta-Carotin und Vitamin E. Prima für die **Stärkung der Abwehrkräfte**.

Pausen-Doppeldecker

Für 1 Portion:

2 Scheiben Vollkornbrot

2 Teelöffel Frischkäse oder Kräuterfrischkäse

4 Scheiben Gurke

1 passende Scheibe Schnittkäse

Pergamentpapier zum Verpacken

So wird's gemacht:

1. Jede Scheibe Vollkornbrot mit 1 Teelöffel Frischkäse oder Kräuterfrischkäse bestreichen.
2. Auf 1 Scheibe die Gurkenscheiben legen, auf die andere die Käsescheibe.
3. Brotscheiben zusammenklappen.

Das ist ein tolles Brot **zum Mitnehmen.** Einfach das zusammengeklappte Brot in Butterbrotpapier einwickeln, so kann nichts durcheinander rutschen und es schmeckt auch in der Pause noch lecker und knackig. Die ideale Ergänzung für dieses Brot: ein kleines Glas Fruchtsaft oder 1 großes Glas Saftschorle.

Sommer-Sandwich

Für 1 Portion:

1 Scheibe Vollkornbrot

Kräuterfrischkäse

1 Tomate

frische Kräuter, gehackt

Pfeffer

So wird's gemacht:

1. Vollkornbrot mit Kräuterfrischkäse bestreichen.
2. Tomate in Scheiben schneiden und das Brot damit belegen.
3. Mit frischen Kräutern und Pfeffer aus der Mühle würzen.

Schmeckt besonders gut mit aromatischen Sommer-Tomaten. Die ideale Ergänzung für ein vollwertiges Frühstück: ein Glas Milch oder Milchshake oder ein Natur-Joghurt.

Käse-Knacki

Für 1 Portion:

1 Scheibe Vollkornbrot

Pflanzenmargarine oder Butter

1 dünne Scheibe Gouda

Gewürzgurke

So wird's gemacht:

1. Vollkornbrot dünn mit Margarine oder Butter bestreichen.
2. Scheibe Gouda darauf legen.
3. Gewürzgurke längs in Scheiben schneiden und als Fächer darüber legen.

Manche Kinder mögen Käsebrot als Pausenbrot nicht so gerne, weil es je nach Käsesorte einen etwas muffeligen Atem machen kann. Geben Sie ihrem Kind frisches Obst oder Gemüse als Nachtisch mit. Die ideale Ergänzung für dieses Brot: ein kleines Glas Fruchtsaft, 1 großes Glas Saftschorle oder ein Stück Obst.

Radieschen-Lieschen

Für 1 Portion:

1 Scheibe Vollkornbrot

Paprikafrischkäse

2–3 Radieschen

Paprikapulver

Pfeffer

So wird's gemacht:

1. Vollkornbrot mit Paprikafrischkäse bestreichen.

2. Radieschen in Scheiben schneiden und das Brot damit belegen.

3. Mit Paprika und Pfeffer aus der Mühle würzen.

Ein besonders würziges, **knackiges Brot** – eignet sich auch gut als verpacktes Pausenbrot! Die ideale Ergänzung: ein Glas Milch oder Milchshake oder ein Natur-Joghurt.

Zweikäsehoch mit Tomate

Für 1 Portion:

1 Scheibe Vollkornbrot

Frischkäse

Senf

1 dünne Scheibe Lieblingskäse

1 Tomate

frische Kräuter, gehackt

Pfeffer

So wird's gemacht:

1. Vollkornbrot mit Frischkäse bestreichen.
2. Darüber ein wenig Senf streichen.
3. Tomate in Scheiben schneiden.
4. Das Brot mit Schnittkäse und Tomatenscheiben belegen.
5. Mit Kräutern und Pfeffer aus der Mühle würzen.

Toll: Im Zweikäsehoch ist wirklich **schon alles drin!** Ein Zusatz zur Ergänzung der Nährstoffe ist daher nicht nötig.

Schäfer-Stulle

Für 1 Portion:

1 Scheibe Vollkornbrot
Paprikafrischkäse
1–2 Salatblätter
ca. 30 g Fetakäse
Paprikapulver
Pfeffer

So wird's gemacht:

1. Vollkornbrot mit Paprikafrischkäse bestreichen.
2. Feta in Streifen schneiden.
3. Salatblätter auf das Brot legen und diese mit Fetastreifen belegen.
4. Mit Paprika und Pfeffer aus der Mühle würzen.

Die ideale Ergänzung für die Schäfer-Stulle: ein kleines Glas Fruchtsaft, 1 großes Glas Saftschorle oder ein Stück Obst.

Pizza-Sandwich

Für 1 Portion:

1 Scheibe Vollkornbrot

Pesto

1 Tomate

etwas Mozzarella

Olivenöl

Balsamicoessig

Basilikumblättchen

Salz, Pfeffer aus der Mühle

So wird's gemacht:

1. Vollkornbrot dünn mit Pesto bestreichen.
2. Tomaten und Mozzarella in Scheiben schneiden und das Brot damit belegen.
3. Mit einigen Tropfen Olivenöl und Balsamicoessig beträufeln.
4. Mit Salz und Pfeffer aus der Mühle würzen.
5. Mit Basilikumblättchen dekorieren.

Das Pizza-Sandwich kann man auch **toll im Ofen** bei 200 °C überbacken, bis der Mozzarella goldgelb ist.

Chef-Doppeldecker

Für 1 Portion:

2 Scheiben Vollkornbrot

Pflanzenmargarine oder Butter

1 dünne Scheibe Emmentaler

1 dünne Scheibe Schinken

So wird's gemacht:

1. Vollkornbrot mit Margarine oder Butter bestreichen.

2. 1 Brotscheibe mit Emmentaler und Schinken belegen, die zweite Scheibe darüber klappen.

3. Diagonal in 2 Dreiecke teilen.

Prima für den großen Hunger, zum Beispiel an **Sporttagen**. Die ideale Ergänzung: ein kleines Glas Fruchtsaft, ein großes Glas Saftschorle oder ein Stück Obst.

Kiba-Brot

Für 1 Portion:

1 Scheibe Vollkornbrot

Frischkäse

Schwarzkirschmarmelade

1/2 Banane

So wird's gemacht:

1. Vollkornbrot dünn mit Frischkäse bestreichen.
2. Schwarzkirschmarmelade darüber geben.
3. Banane in dünne Scheiben schneiden.
4. Das Brot damit belegen.

Variante: aus Kiba mach Hiba – Schwarzkirschmarmelade gegen Himbeermarmelade austauschen. Frisch, süß und lecker! Mit einem Natur-Joghurt und mit frischen Früchten zusammen ergibt das eine super gesunde, vollwertige Mahlzeit.

Brötchen Rot-Weiß

Für 1 Portion:

1 Vollkornbrötchen

2 große Esslöffel Hüttenkäse

1 Tomate

Pfeffer

Schnittlauch in feinen Röllchen

So wird's gemacht:

1. Vollkornbrötchen mit Hüttenkäse bestreichen.
2. Tomate in Scheiben schneiden, das Brötchen damit belegen.
3. Mit Pfeffer aus der Mühle und Schnittlauch bestreuen.

Dieses Brötchen schmeckt besonders frisch und lecker! **Hüttenkäse** hat jedoch weniger Calcium als Schnittkäse. Deshalb als ideale Ergänzung ein Glas Milch oder Milchshake dazu trinken oder einen Natur-Joghurt zum Nachtisch essen.

Rotbäckchen-Brot

Für 1 Portion:

1 Scheibe Vollkornbrot

Frischkäse

1/2 Apfel

So wird's gemacht:

1. Vollkornbrot dünn mit Frischkäse bestreichen.
2. Apfel vierteln und entkernen, in dünne Scheiben schneiden.
3. Das Brot damit belegen.

Variante: Apfelscheiben gegen Birnenscheiben austauschen, dann wird es noch etwas süßer. Dazu einen Natur-Joghurt mit frischen Früchten essen, und schon ist das Frühstück komplett.

Schafskäsecreme

Für 10 Scheiben Brot:

1 rote Paprikaschote

200 g Schafsfrischkäse

Paprikapulver

Chilipulver

Salz, Pfeffer aus der Mühle

1 zerdrückte Knoblauchzehe nach Wunsch

So wird's gemacht:

1. Paprika putzen, in Stücke zerteilen, in ein hohes Gefäß geben und mit dem Pürierstab zu einem gleichmäßigen Mus pürieren.

2. Die Masse in einen tiefen Teller geben und zusammen mit dem Schafskäse mit einer Gabel so lange vermischen, bis eine gleichmäßige Creme entsteht.

3. Mit den Gewürzen herzhaft abschmecken.

Selbst gemachter Brotaufstrich kommt bei Kindern oft besonders gut an. Diese **herzhafte Creme** schmeckt auch zum Abendbrot.

Ungarischer Käse

Für 10 Scheiben Brot:

1 kleine Zwiebel

1 Teelöffel Olivenöl

1 kleiner Bund Schnittlauch

200 g Frischkäse

Paprikapulver

Chilipulver

Salz, Pfeffer aus der Mühle

So wird's gemacht:

1. Zwiebel schälen und fein würfeln.
2. Zwiebelwürfel in einer Pfanne in dem Olivenöl andünsten und abkühlen lassen.
3. Schnittlauch waschen, trocken tupfen und in feine Röllchen schneiden.
4. Zwiebelwürfel und Schnittlauch mit dem Frischkäse vermischen.
5. Mit den Gewürzen herzhaft abschmecken.

Auch dieser selbst gemachte Brotaufstrich schmeckt **prima zum Abendbrot.**

Schnelles Körnerbrot

Für 1 großes oder 2 kleine Brote:

1 Würfel Hefe

1 Teelöffel Zucker

600 ml lauwarmes Wasser

500 g Vollkornmehl (Weizen oder Dinkel)

100 g Buchweizenmehl

2 Teelöffel Salz

2 Teelöffel Essig

50 g Leinsamen

50 g Hirse

50 g Vollkornhaferflocken

50 g Kürbiskerne

50 g Sesam

50 g Sonnenblumenkerne

So wird's gemacht:

1. Hefe und Zucker im Wasser auflösen.
2. Vollkornmehl, Buchweizenmehl, Salz, Obstessig und Körner zugeben.
3. In der Küchenmaschine zu einem gleichmäßigen Teig verkneten.

4 Die Masse in eine gefettete Kastenform (eine große oder zwei kleine) füllen.

5 Praktisch: Ohne Gehzeit sofort in den kalten Ofen – unterste Schiene – stellen und bei 225 °C etwa 1 Stunde backen.

Keine Scheu vorm Selberbacken: Dieses Brot **gelingt garantiert!** Besonders nussig schmeckt es, wenn Kürbiskerne, Sesam und Sonnenblumenkerne zuerst in einer beschichteten, trockenen Pfanne leicht geröstet werden. Dann mit den übrigen Körnern unter den Teig kneten. Bereits eine Scheibe ist eine super Nährstoffquelle. Frisch schmeckt es besonders gut. Älteres Brot kann man im Toaster aufpeppen.

Rosinenbrötchen

Für 8 Brötchen:

1 Würfel Hefe

1 Esslöffel Zucker

200 ml fettarme, lauwarme Milch

250 g Weizenvollkornmehl

25 g Rosinen

So wird's gemacht:

1. Hefe und Zucker in der lauwarmen Milch auflösen. Mehl unterkneten.
2. Zum Schluss die Rosinen unterkneten.
3. Bei Zimmertemperatur 30 bis 45 Minuten gehen lassen und nochmals durchkneten.
4. 8 Brötchen formen, abgedeckt weitere 15 bis 30 Minuten gehen lassen.
5. Im vorgeheizten Ofen bei 200 °C 15 Minuten backen.

Diese feinen Brötchen schmecken sehr gut mit etwas Butter oder Margarine und Honig oder Marmelade bestrichen – **lecker für's Sonntagsfrühstück!**

Buchweizen-Hirse-Waffeln

Für ca. 6 Waffeln:

250 ml Milch

20 g Hefe

1 Teelöffel Zucker (braucht die Hefe zum Gehen)

150 g Buchweizenmehl

150 g Hirsemehl

1 Eigelb + 1 Eiweiß

2–3 Esslöffel Honig

1 Prise Salz

So wird's gemacht:

1. Die Hefe und den Zucker in der lauwarmen Milch auflösen.
2. Buchweizenmehl und Hirsemehl unterrühren und eine halbe Stunde quellen lassen.
3. Eigelb, Honig und Salz hinzufügen und alles gut verrühren.
4. Zum Schluss das Eiweiß steif schlagen und darunter heben.
5. Jeweils 2 bis 3 Esslöffel Teig ins Waffeleisen geben und backen.

Himbi-Hirse

Für 1 Portion:

50 g Hirse

100 ml Wasser

1 Prise Zimt + 1 Prise Salz

50 ml Milch oder Sojamilch

10 Walnüsse, gehackt

1 Esslöffel Rosinen, evtl. Honig

100 g Himbeeren, frisch oder aufgetaut

So wird's gemacht:

1. Hirse zuerst heiß waschen (Wichtig! Entfernt die Bitterstoffe) und in frischem Wasser mit Salz und Zimt kochen.
2. Sobald das Wasser verkocht ist, Milch darüber geben und auf der ausgeschalteten Herdplatte ausquellen lassen.
3. Alle übrigen Zutaten untermischen.
4. Mit den Himbeeren garnieren.

Dieses Müsli braucht etwas Zeit für die Zubereitung, nämlich etwa eine halbe Stunde. Man kann es warm oder kalt essen. **Hirse ist glutenfrei!**

Infos für alle, die mehr wissen wollen

Die Pyramiden-Gruppen

Getreidegruppe
Dazu gehören alle Getreidekörner, Getreideflocken, Müsli, Mehl und alles was aus Mehl hergestellt wird, wie Brot. Diese Lebensmittel enthalten reichlich Stärke, Eiweiße (bis 15 %), wenig Fett (maximal 3 %). Sie sind ballaststoffreich und cholesterinfrei. Getreide enthalten fettlösliche Vitamine, B-Vitamine und wichtige Mineralstoffe.

Obstgruppe
Dazu zählen die vielen verschiedenen Früchte, auch tiefgefroren oder getrocknet, gute Fruchtsäfte, Obstkonserven. Obst enthält durchschnittlich 10 % Kohlenhydrate (Ausnahme: Bananen 20 %), unter 1 % Fett und ist eiweißarm. Obst ist außerdem ballaststoffreich und cholesterinfrei. Obst enthält Beta-Carotin, Vitamin C, den wichtigen Mineralstoff Kalium sowie bioaktive Pflanzenstoffe.

Extra-Tipp für Kinder
Eine Banane ist ein super Pausensnack. Sie enthält viel Kalium und Magnesium, Vitamin B6 und Vitamin C und ist deswegen besonders gut vor sportlichen Aktivitäten!

Hier erfahrt ihr, warum die Banane krumm ist: http://www.wdrmaus.de/sachgeschichten/banane/

Gemüsegruppe
Dazu zählen die vielen verschiedenen Gemüse, Salatgemüse, Pilze, Kräuter, auch tiefgefroren oder getrocknet, gute Gemüsesäfte, Gemüsekonserven. Gemüse enthält wenig Kohlenhydrate, wenig Eiweiße, unter 1 % Fett, ist ballaststoffreich und cholesterinfrei. Es enthält fast alle Vitamine, fast alle Mineralstoffe und viele bioaktive Pflanzenstoffe.

Milch, Joghurt, Käse und Co.
Diese Lebensmittel sind ganz unterschiedlich zusammengesetzt. Alle Sorten enthalten jedoch sehr hochwertige Eiweiße.

Die Gehalte an lebenswichtigen Fettsäuren sind allerdings sehr gering. Außerdem enthalten diese Lebensmittel keine Ballaststoffe.

Milch, Joghurt und ähnliche Produkte enthalten wenig Kohlenhydrate und bis ca. 3,5 % Fett. Sie haben niedrige bis mittlere Cholesterinwerte. Die wichtigen Mineralstoffe Kalium, Calcium, Phosphor und die B-Vitamine B2 und B12 sind enthalten.

Frischkäse und Quark enthalten wenig Kohlenhydrate, die Fettgehalte liegen je nach Sorte bei 0,2% bis 45%. Frischkäse und Quark haben niedrige bis hohe Cholesterinwerte. Von den Frischkäsen enthalten nur Feta und Mozzarella größere Mengen Calcium und Phosphor. Die sehr fettreichen Sorten enthalten Vitamin A.

Extra-Tipp für Kinder

Käse ist super für Knochen und Zähne. Hier könnt ihr sehen, wie die Löcher in den Käse kommen: http://www.wdrmaus.de/sachgeschichten/loecher_im_kaese/

Hartkäse, Schnittkäse und Weichkäse enthalten nur Spuren von Kohlenhydraten. Die Fettgehalte liegen je nach Sorte bei 13 % bis 40 %. Frischkäse und Quark haben mittlere bis hohe Cholesterinwerte. Fettreiche Sorten enthalten fettlösliches Vitamin A, einige Sorten enthalten die B-Vitamine B2 und B12. Die Mineralstoffe Calcium, Phosphor, Zink, Kupfer sind fast immer enthalten.

Hülsenfrüchte, Fisch, Geflügel, Fleisch, Fleischwaren

Zu dieser Gruppe zählen alle Fische und Meerestiere, Fleisch und Innereien aller Landtiere, außerdem Eier. Die getrockneten Hülsenfrüchte sind die pflanzlichen Vertreter dieser Gruppe. Diese Lebensmittel sind völlig unterschiedlich zusammengesetzt. Alle Sorten enthalten jedoch sehr hochwertige Eiweiße. Die Gehalte an lebenswichtigen Fettsäuren sind allerdings sehr gering.

Hülsenfrüchte enthalten 6 % bis 50 % Kohlenhydrate und 1 % bis ca. 18 % Fette. Sie sind ballaststoffreich und cholesterinfrei. Die wichtigen Mineralstoffe Kalium, Phosphor, Magnesium, Eisen sowie die B-Vitamine B1, B2, Niacin, B6 sind in Hülsenfrüchten reichlich enthalten. Sojabohnen sind zusätzlich reich an lebenswichtigen Fettsäuren und enthalten fettlösliches Vitamin E und Calcium.

Fische und Meerestiere enthalten Kohlenhydrate nur in Spuren und 1 % bis ca. 25 % Fette. Sie haben hohe Gehalte an Cholesterin und Purinen. Wichtige Mineralstoffe wie Kalium, Phosphor, Magnesium, Jod, Fluorid, Zink, Selen, Kupfer, die B-Vitamine B1, B2, Niacin, B6, Pantothensäure, Biotin, B12 sowie die fettlöslichen Vitamine E und D sind in Fischen und Meerestieren enthalten. Einige fette Fische wie Hering, Lachs und Thunfisch sind reich an lebenswichtigen Fettsäuren und Vitamin A.

Geflügel enthält Kohlenhydrate nur in Spuren und je nach Sorte 1 % bis ca. 30 % Fette. Es ist arm an lebenswichtigen Fettsäuren, besonders im Vergleich zum Gehalt an gesättigten Fettsäuren. Der Cholesteringehalt ist hoch. Geflügel enthält Vitamin E, B1, B2, Niacin, B6, Pantothensäure, Biotin, B12 sowie die Mineralstoffe , Kalium, Phosphor, Magnesium, Eisen, Zink, Selen, Kupfer

Fleisch enthält Kohlenhydrate nur in Spuren und je nach Sorte 2 % bis ca. 20 % Fette, arm an lebenswichtigen Fettsäuren, besonders im Vergleich zum Gehalt an gesättigten Fettsäuren. Der Cholesteringehalt ist hoch. Fleisch enthält die B-Vitamine B1, B2, Niacin, B6, Pantothensäure, Biotin, B12 sowie die Mineralstoffe Kalium, Phosphor, Eisen, Fluorid, Zink, Selen, Kupfer, Chrom.

Innereien enthalten bis 4 % Kohlenhydrate 3 % bis ca. 6 % Fette, arm an lebenswichtigen Fettsäuren, besonders im Vergleich zum Gehalt an gesättigten Fettsäuren. Der Cholesteringehalt ist sehr hoch. Innereien enthalten die Vitamine A, E, D, B1, B2, Niacin, B6, Folsäure, Pantothensäure, Biotin, B12 sowie die Mineralstoffe Kalium, Phosphor, Eisen, Fluorid, Zink, Selen, Kupfer.

Eier enthalten unter 1 % Kohlenhydrate und bis ca. 11 % Fette, dafür jede Menge tierisches Eiweiß Sie sind arm an lebenswichtigen Fettsäuren, besonders im Vergleich zum Gehalt an gesättigten Fettsäuren. Der Cholesteringehalt ist hoch. Eier enthalten die Vitamine A und D, die B-Vitamine B2, Pantothensäure, Biotin, B12 sowie die Mineralstoffe Phosphor und Fluorid.

Gruppe der Pflanzenfette und Pflanzenöle

Zu dieser Gruppe zählen die Ölfrüchte sowie die Öle und Fette, die aus Pflanzen gewonnen werden können. Des Weiteren gehört auch Margarine in diese Gruppe. Diese verschiedenen Lebensmittel sind ganz unterschiedlich zusammengesetzt. Mit Ausnahme weniger Sorten (Kokosfett, Olivenöl, Avocado, Kokosnuss, Oliven) liefern uns jedoch die Lebensmittel dieser Gruppe reichlich lebenswichtige Fettsäuren.

Pflanzenöle, Pflanzenfette und Margarine enthalten wenig Kohlenhydrate, maximal 1 % Eiweiße und 80 % bis 100 % Fett. Sie sind cholesterinfrei oder enthalten minimale Mengen Cholesterin und enthalten – außer Margarine, Kokosfett, Leinöl, Olivenöl – viel fettlösliches Vitamin E. Palmöl enthält zusätzlich viel Vitamin A.
Nüsse, Samen und Ölfrüchte enthalten 5 % bis 30 % Kohlenhydrate, maximal 2 % bis 25 % Eiweiße, 35 % bis 65 % Fett sowie Cholesterin maximal in Spuren. Sie enthalten wertvolles Vitamin E, Vitamin B1 sowie die Mineralstoffe Kalium, Phosphor, Magnesium, Eisen, Kupfer und Mangan.

Gruppe der Extras
Zu dieser Gruppe zählen alle Süßwaren, tierischen Fette, Sahne. Diese verschiedenen Lebensmittel haben eins gemeinsam: Sie haben nur eine sehr geringe Nährstoffdichte. Deshalb sollen sie nur einen kleinen Teil unserer Nahrung ausmachen.

Das Wichtigste zu Vitaminen und Mineralstoffen

Vitamine
Vitamin A (Vorstufe Beta-Carotin) ist nötig für Wachstum, Immunsystem, Zellentwicklung Gewebsentwicklung, Sehvorgang, Aufbau und Erhaltung von Haut, Schleimhaut und Knorpelgewebe, Infektabwehr.
Steckt in: Vollkorngetreide, Getreidekeimen, Möhre, Paprika, Tomate, Aprikose, Grapefruit, Honigmelone, Kaki, Papaya, Käse, Ei, Fisch, Fleisch, Hülsenfrüchten

Vier Vitamine sind in Fett löslich – die Vitamine A, D, E und K.

Vitamin D (Calciferole) sorgt für die Bildung von Knochen und Knorpel (Calcium- und Phosphor-Stoffwechsel).
Bildet der Körper selbst durch Sonne auf der Haut. Also raus auf den Pausenhof!
Steckt in: Ei

Vitamin E (Tocopherole) ist wichtig für den Oxidationsschutz und die Zellerneuerung, es hemmt entzündliche Prozesse.
Steckt in: Getreidekeime, Paprika, Tomate, Heidelbeeren, Himbeeren, schwarzen Johannisbeeren, Pfirsich, Fisch, Fleisch, Hülsenfrüchten, Ölen, Nüssen, Mandeln, Sonnenblumenkernen

Vitamin K (Phyllochinone) ist nötig für Blutgerinnung und Knochenaufbau.
Steckt in: Vollkorngetreide, Gurke, Kohlrabi und anderen Kohlarten, Blattgemüse, Möhre, Paprika, Tomate, Erdbeeren, Kiwi, Pflaume, Milch, Ei, Cashewnüssen

B-Gruppe
Vitamin B1 (Thiamin) hat wichtige Aufgaben im Kohlenhydrat- und Energiestoffwechsel und ist dadurch bedeutend für Nerven- und Muskelfunktion.
Steckt in: Vollkorngetreide, Möhre, Tomate, Ananas, Apfelsine, Schinken, Fisch, Fleisch, Hülsenfrüchten, Nüssen, Sesam, Sonnenblumenkerne

Die Vitamine der B-Gruppe und Vitamin C sind in Wasser löslich.

Vitamin B2 (Riboflavin) ist notwendig für die Energiegewinnung aus Fetten, Eiweiß und Kohlenhydraten, gut für Haut und Nägel.
Steckt in: Vollkorngetreide, Milch, Milchprodukte, Käse, Leberwurst, Ei, Fisch, Fleisch, Hülsenfrüchten, Mandeln

Niacin ist notwendig für Energiegewinnung und Auf- und Abbau von Kohlenhydraten, Fettsäuren und Aminosäuren, fördert Merkfähigkeit und Konzentration.
Steckt in: Vollkorngetreide, Kohlrabi, Fisch, Fleisch, Hülsenfrüchten, Erdnüssen, Kürbiskernen

Vitamin B6 (Pyridoxin) sorgt für Um- und Abbau von Aminosäuren, schützt vor Nervenschädigung.
Steckt in: Vollkorngetreide, Möhre, Paprika, Tomate, Apfel, Banane, Feige, Fisch, Fleisch, Hülsenfrüchten, Kürbiskernen, Sonnenblumenkernen, Sesam, Walnüssen

Folsäure ist wichtig für Zellteilung und Zellneubildung.
Steckt in: Vollkorngetreide, Gurke, Kohlrabi, Möhre, Paprika, Tomate, Apfelsine, Erdbeeren, Himbeeren, Kirschen, Melone, Weintrauben, Erdnüssen

Pantothensäure ist wichtig für Abbau von Fetten, Kohlenhydraten und verschiedenen Aminosäuren, Bildung von Fettsäuren, Cholesterin, Gallensäuren und Porphyrin (Bestandteil des Blut-

farbstoffs Hämoglobin), Entgiftungsreaktionen, verbessert die Abwehrreaktion der Schleimhäute, Wachstum und Pigmentierung der Haare, gut für die Haut.
Steckt in: Vollkorngetreide, Tomate, Ei, Fisch, Fleisch, Erdnüssen

Biotin ist wichtig für den Abbau lebenswichtiger Eiweißbausteine, Bildung von Fettsäuren, beteiligt an der Blutgerinnung.
Steckt in: Vollkorngetreide, Möhre, Milch, Milchprodukte, Ei, Fisch, Fleisch

Vitamin B12 (Cobalamin) wird von jeder Körperzelle benötigt, wichtig für die Aufnahme von Folsäure, bildet und regeneriert rote Blutkörperchen, wichtig für die Nervenfunktion.
Steckt in: Milch, Milchprodukte, Käse, Ei, Fisch, Fleisch

Vitamin C (Ascorbinsäure) ist Oxidationsschutz, stimuliert die Abwehrkräfte des Körpers, die Bildung und Funktionserhaltung von Bindegewebe, Knochen, Knorpel, Dentin, beschleunigt den Heilungsprozess von Wunden und Knochenbrüchen, aktiviert und reguliert den Zellstoffwechsel.
Steckt in: Gurke, Kohlrabi, Möhre, Paprika, Tomate, allen Obstsorten

Extra-Tipp für Kinder
Hier könnt ihr sehen, warum die Abwehrzellen unbedingt Vitamin C brauchen.
http://www.wdrmaus.de/sachgeschichten/vitamin_c/

Mineralstoffe
Kalium und Natrium sind wichtig für Säure-Basen-Gleichgewicht, Flüssigkeitshaushalt und Nervenfunktion.
Kalium steckt in: Vollkorngetreide, Gurke, Kohlrabi, Möhre, Paprika, Tomate, allen Obstsorten, Milch, Milchprodukte, Hülsenfrüchten, Ei, Fisch, Fleisch, Nüssen, Mandeln, Leinsamen, Kürbiskernen, Sonnenblumenkernen

Natrium ist in fast allen Lebensmitteln enthalten. Besonders reichlich überall da, wo Kochsalz verwendet wird, wie Brot, Käse, Wurst - denn Kochsalz ist Natriumchlorid und besteht zur einen Hälfte aus Natrium. Deshalb nehmen die meisten Menschen auch viel mehr Natrium auf, als sie brauchen. Achtung: Auch einige Mineralwasser oder Tafelwasser enthalten viel Natrium. Ein Wasser darf den Zusatz natriumarm tragen, wenn es je Liter weniger als 20 mg Natrium enthält.

Calcium ist nötig für Bildung von Knochen und Zähnen, Blutgerinnung und Übertragung von Nervenimpulsen.
Steckt in: Kohlrabi, Milch, Milchprodukte und Käse, Soja, Sesam. Auch einige Mineralwässer sind calciumreich und enthalten mehr als 150 Milligramm Calcium je Liter

Phosphor ist nötig für Bildung von Knochen und Zähnen und das Säure-Basen-Gleichgewicht.
Steckt in: Vollkorngetreide, Kohlrabi, Möhre, Milch, Milchprodukte und Käse, Hülsenfrüchten, Ei, Fisch, Fleisch, Nüssen, Mandeln, Leinsamen, Kürbiskernen, Sonnenblumenkernen

Magnesium aktiviert Enzyme und ist wichtig für die Eiweißbildung.
Steckt in: Vollkorngetreide, Kohlrabi, Himbeeren, Kiwi, Papaya, Hülsenfrüchten, Fisch, Fleisch, Nüssen, Mandeln, Sesam, Sonnenblumenkernen

Eisen ist Bestandteil des roten Blutfarbstoffs (Hämoglobin) und von Enzymen des Energiestoffwechsels.
Steckt in: Vollkorngetreide, Erdbeeren, Heidelbeeren, Himbeeren, Johannisbeeren, Pfirsich, Reineclaude, Hülsenfrüchten, Fisch, Fleisch, Leinsamen, Kürbiskernen, Sesam, Sonnenblumenkernen

Jod ist Bestandteil der Schilddrüsenhormone und reguliert so Zellwachstum, Zellteilung, Grundumsatz und Wärmeproduktion. Nur Meeresprodukte haben hohe Jodgehalte. Die Verwendung von jodiertem Speisesalz ist deshalb empfehlenswert.
Steckt in: Fisch

Fluorid dient der Erhaltung der Struktur von Knochen und Zähnen.
Steckt in: Vollkorngetreide, Fisch, Fleisch

Zink ist Bestandteil von Verdauungsenzymen.
Steckt in: Vollkorngetreide, Käse, Erdnüssen, Paranüssen

Selen aktiviert Schilddrüsenhormone und wirkt antioxidativ.
Reichlich in: Vollkorngetreide, Paprika, Ei, Fisch, Fleisch, Paranüssen

Kupfer ist Bestandteil von für den Stoffwechsel und die Blutbildung wichtigen Enzymen.
Steckt in: Vollkorngetreide, Möhre, Paprika, Tomate, Aprikose, Brombeeren, Heidelbeeren, Himbeeren, Johannisbeeren, Kirschen, Pfirsich, Stachelbeeren, Weintrauben, Fisch, Fleisch, Nüssen, Mandeln

Aufs Brot von herzhaft bis süß

Auf das Frühstücks- oder Pausenbrot passen unterschiedliche Brotbeläge. Meist wählt man danach aus, was einem gut schmeckt oder auch, was gerade da ist.

Die Tabelle auf Seite 120 zeigt die Unterschiede. Schnittkäse versorgt uns gleichzeitig mit Energie und dem wichtigen Nährstoff Calcium. Deshalb bekommt Schnittkäse ein lachendes Gesicht ☺.

Salami und Nuss-Nougat-Creme liefern hauptsächlich Kalorien. Nicht ein einziger wichtiger Nährstoff ist reichlich enthalten. Deshalb ein mürrisches Gesicht ☹ und der Hinweis: Achtung! Gesunder Ausgleich nötig. Das bedeutet, bei anderen Mahlzeiten des Tages sollen extra gute Lebensmittel gegessen werden.

Frühstücks-Cerealien: Flakes, Pops und Co.

Heute werden die unterschiedlichsten Getreideprodukte als Frühstückscerealien bezeichnet.

Die römische Göttin Ceres, verehrt als Göttin des Ackerbaus und der Futterpflanzen, ist die Namensgeberin der Cerealien. Die Römer feierten Ihr zu Ehren ein Dankfest und benutzten den Begriff Cerealien für das Fest und auch als Bezeichnung für Getreide.

Die meisten Frühstücksflakes und Pops enthalten viel Zucker, jedoch kaum Ballaststoffe. Einige haben außerdem noch reichlich Fett. Sie zählen deshalb eher zu den Süßigkeiten. Es gibt Flakes aus Mais, Weizen, Roggen, Hafer, Gerste, Buchweizen und Reis. Zusätzlich

Cornflakes (corn = Mais, flakes = Flocken, also Maisflocken) sind die bekanntesten Getreideflakes. Der Amerikaner Will Keith Kellogg hat sie 1894 erfunden.

Extra-Tipp für Kinder
Hier könnt ihr sehen, wie Cornflakes heute hergestellt werden:
http://www.wdrmaus.de/sachgeschichten/cornflakes/

Lebensmittelportion	Energie Nährstoffe, die Energie liefern	Herausragende Vitamine und Mineralstoffe	Bewertung
1 dünne Scheibe (15 g) Schnittkäse mit 45 % Fett i. Tr.	50 kcal 4,5 g Eiweiß 5,6 g Fett Kohlenhydrate in Spuren	gute Quelle für Calcium (11% der Empfehlung) – prima für Knochen und Zähne	☺ wichtiger Nährstoff Calcium wird geliefert. Das rechtfertigt Energie und Fett
1 dünne Scheibe (15 g) Schnittkäse mit 30 % Fett i. Tr. (= 17 % absolut)	40 kcal 4 g Eiweiß 4 g Fett Kohlenhydrate in Spuren	gute Quelle für Calcium (14% der Empfehlung) – prima für Knochen und Zähne	☺ wichtiger Nährstoff Calcium wird geliefert. Das rechtfertigt Energie und Fett
1 dünne Scheibe Salami (15 g)	56 kcal 3 g Eiweiß 5 g Fett Kohlenhydrate in Spuren	keine	☹ viel Energie und Fett, ohne wichtige Nährstoffe. Achtung! Gesunder Ausgleich nötig
1 EL Nuss-Nougat-Creme (10 g)	55 kcal weniger als 1 g Eiweiß 3 g Fett 6 g Kohlenhydrate	keine	☹ viel Energie und Fett, ohne wichtige Nährstoffe. Achtung! Gesunder Ausgleich nötig
1 EL Konfitüre	43 kcal weniger als 0,1 g Eiweiß weniger als 0,1 g Fett 11 g Kohlenhydrate	keine	☹ Energie ohne wichtige Nährstoffe. Achtung! Gesunder Ausgleich nötig
1 EL Honig	56 kcal weniger als 0,1 g Eiweiß kein Fett 14 g Kohlenhydrate	verschiedene Vitamine und Mineralstoffe in Spuren	viel Zucker, wenig Nährstoffe

sind Vollkornflakes im Handel. Getreideflakes werden auch mit Überzügen wie Zucker oder Nüssen angeboten. Viele Sorten sind mit Vitaminen und Mineralstoffen angereichert.

Zutatenlisten verstehen

Das kann auf der Flakes-Packung stehen:

Zutaten: Getreide (64 % Reis, 24 % Vollkornweizen), Rohrohrzucker, Gerstenmalzextrakt, Speisesalz.

Diese Flakes enthalten zwar reichlich Getreide – allerdings nur 24 % Vollkorngetreide. Der Reis ist geschälter Reis, bei diesem fehlen wichtige Inhaltsstoffe der Reisschale. Die restlichen 12 % sind Zucker (Rohrohrzucker und Gerstenmalzextrakt) und Salz. Malzextrakt – in diesem Produkt aus Gerstenmalz – ist gekeimte und getrocknete Gerste; sie ist für zusätzliche Süße und das typische Gebäckaroma verantwortlich. Diese Flakes enthalten keine Vitamin- oder Mineralstoffzusätze. Welche und wie viele wichtige Vitamine und Mineralstoffe also enthalten sind, bleibt das Geheimnis des Herstellers.

Flakes gibt es auch so: Hergestellt aus folgenden Zutaten: Mais, Zucker, Salz, Malz, Vitamine (Niacin, Vitamin B6, Vitamin B2, Vitamin B1, Folsäure, Vitamin B12) und Eisen.

Diese Flakes sind aus Mais mit Zucker, Salz, Malz und Zusatz von Vitaminen und Eisen. Durch den Zusatz an Vitaminen und Eisen werden die Flakes „aufgepeppt". Vitaminzusätze sind jedoch kein gleichwertiger Ersatz für natürliche Vitamine, denn Vitamine aus Lebensmitteln sind wirksamer als Zusätze.

Fazit: Beide Flakes sind kein Dauerersatz für gesunde Vollkorngetreide – jedoch ab und zu o.k.

Getreideextrudate ist die Bezeichnung für aufgeblähte Frühstückserzeugnisse. Grieß oder Mehl werden mit Gewürzen und eventuell anderen Zutaten vermischt, unter Druck im so genannten Extruder (daher auch die Bezeichnung Getreideextrudate) gekocht und unter hohem Druck durch Düsen gepresst. Beim Auspressen bläht sich das Produkt auf und erhält die charakteristische poröse Struktur. Getreideextrudate sind auch häufig Bestandteile in Müsliriegeln.

Bei **gepufften Getreideerzeugnissen** wie Puffreis, Puffweizen, Puffamaranth werden die Getreidekörner unter Druck erwärmt und blähen sich dadurch auf. Puffgetreide sind auch mit Überzügen aus Zucker, Honig, Schokolade oder Kakao-/Fettglasur im Handel.

Alles, was süß macht

Zucker (Haushaltszucker, Saccharose)
Besteht chemisch betrachtet aus einem Teil Glucose (Traubenzucker) und einem Teil Fructose (Fruchtzucker). Zucker wird Lebensmitteln als Rübenzucker oder Rohrzucker zugesetzt.

Dextrose (Glucose, Traubenzucker)
Industriell wird Glucose aus der Stärke von Mais, Weizen oder Kartoffeln hergestellt. Verglichen mit Haushaltszucker besitzt Glucose eine Süßkraft von 70 %.

Glucosesirup ist nicht etwa flüssiger Traubenzucker, sondern ein aus Maisstärke mit Hilfe von Mikroorganismen gewonnenes Produkt. Glucosesirup ist billig herzustellen und wird immer häufiger anstelle von Zucker verwendet.

Fructose (Fruchtzucker)
Industriell wird Fructose aus Saccharose oder Stärke hergestellt. Fructose besitzt die höchste Süßkraft, verglichen mit Haushaltszucker etwa 120 %. Die Süßkraft nimmt jedoch mit zunehmender Temperatur ab. Die Einzeldosis sollte maximal 25 Gramm, die Tagesdosis nicht mehr als 60 Gramm betragen.

Zuckeraustauschstoffe sind die Zuckeralkohole Sorbit, Xylit, Mannit, Maltit, Lactit und Isomalt sowie die Zuckerart Fructose. Sie lassen sich technologisch ähnlich wie Zucker verarbeiten. Die Zuckeralkohole haben eine geringere Süßkraft als Zucker und eine leicht bzw. stark verminderte Karies fördernde Wirkung. Zuckeralkohole haben ca. 40 % weniger Kalorien als Zucker. In höheren Mengen verursachen sie Blähungen und Durchfall. Die Tabelle informiert über Herkunft, Süßkraft, Toleranzwert und Karies fördernde Wirkung der Zuckeralkohole. Der Toleranzwert gilt als Tagesdosis für ungewöhnte Erwachsene. Für Kinder sind keine Toleranzwerte bekannt. Die angegebene Menge sollte über den ganzen Tag verteilt werden. Bei regelmäßigem Verzehr tritt ein Gewöhnungseffekt ein.

„Ohne Zuckerzusatz mit Zuckeraustauschstoff Maltit“ bedeutet: Es ist kein Haushaltszucker zugesetzt. Stattdessen wurde der Zuckeraustauschstoff Maltit zum Süßen verwendet.

Name des Zuckeraustauschstoffs	Herkunft	Süßkraft im Vergleich zu Haushaltszucker	Toleranzwert (Tagesdosis)	Karies fördernde Wirkung
Sorbit	Glukose	0,5	30–50 g	vermindert
Xylit	Xylose	1,0	30–50 g	keine
Mannit	Mannose	0,7	10–20 g	vermindert
Isomalt	Saccharose	0,5	50 g	vermindert
Maltit	Maltose	0,7	40–50 g	vermindert
Lactit	Milchzucker	0,4	40 g	vermindert

Süßstoffe sind Zuckerersatzprodukte. Sie schmecken mindestens 10-mal süßer als Haushaltszucker und haben keine oder nur sehr wenige Kalorien. Laut Zusatzstoff-Zulassungsverordnung dürfen 6 Süßstoffe als Tafelsüße und für bestimmte Lebensmittel verwendet werden. Das Lebensmittel **muss mit dem Hinweis „Mit Süßungsmittel“ versehen sein**.

Name des Süßstoffs	E-Nummer	Süßkraft im Vergleich zu Haushaltszucker	Herstellung
Acesulfam-K	E 950	200fach	chemisch-synthetisch
Aspartam	E 951	200fach	synthetisch
Cyclamat	E 952	35- bis 70fach	chemisch-synthetisch
Saccharin	E 954	450- bis 550fach	chemisch
Thaumatin	E 957	2500fach	traditionell aus der westafrikanischen Katemefrucht, biotechnische Herstellung möglich
Neohesperidin DC	E 959	600- bis 1500fach	Flavonoide aus beispielsweise Schalen von Zitrusfrüchten

Malzextrakte sind traditionell Produkte aus gekeimter Gerste. Im Vergleich zu Haushaltszucker besitzen sie nur eine Süßkraft von etwa 40 %. Malzextrakte schmecken mild und caramellartig.

Dicksäfte sind Fruchtsäfte, die in mehreren Verarbeitungsstufen aufbereitet und dabei stark konzentriert wurden. Leider werden bei der Verarbeitung der Fruchtsäfte zu Dicksäften viele Vitalstoffe zerstört oder inaktiviert. Bei uns werden überwiegend Apfel- und Birnendicksäfte hergestellt.

Zuckerrübensirup wird durch Kochen von Zuckerrüben gewonnen. Bei schonender Verarbeitung enthält er Spuren von Mineralstoffen und B-Vitamine.

Honig ist eine natürliche Süße, die von Honigbienen hergestellt wird. Er besteht vor allem aus Traubenzucker und Fruchtzucker. Mineralstoffe und Vitamine sind in Spuren enthalten. Honig süßt stärker als Zucker und kann deshalb sparsamer verwendet werden.

Nach Genuss von Süßungsmitteln darf natürlich die Zahnpflege nicht vernachlässigt werden!

In Südamerika gibt es eine Pflanze mit dem Namen Süßkraut oder auch Honigkraut (**Stevia**). So heißt sie, weil ihre Blätter etwa 30-mal süßer sind als Zucker. Stevia enthält sogar wertvolle Vitamine und Mineralstoffe, schädigt die Zähne nicht und hat fast keine Kalorien. Bislang gibt es dieses süße Kraut bei uns nur als Zierpflanze zu kaufen.

Kleiner Saisonkalender für ausgewählte Obst- und Gemüsesorten

		Jan	Feb	März	Apr	Mai	Juni	Juli	Aug	Sept	Okt	Nov	Dez
Obst	Apfel	Lager	Lager	Lager	Lager	Lager	Lager	Lager	Freiland	Freiland	Freiland	Lager	Lager
	Erdbeeren					Freiland	Freiland	Freiland	Freiland				
	Himbeeren						Freiland	Freiland	Freiland				
	Heidelbeere/Johannisbeere/Stachelbeere							Freiland	Freiland				
	Brombeere								Freiland	Freiland			
	Süßkirsche						Freiland	Freiland	Freiland				
	Sauerkirsche							Freiland	Freiland				
	Melone						Gewächshaus	Gewächshaus/Freiland	Gewächshaus/Freiland	Gewächshaus/Freiland			
	Aprikose/Pfirsich/Nektarine							Freiland	Freiland	Freiland			
	Birne								Freiland	Freiland	Lager	Lager	Lager
	Mirabelle								Freiland				
	Pflaume/Weintraube								Freiland	Freiland	Freiland		
Gemüse	Möhren	Lager	Lager	Lager	Lager	Lager	Freiland	Freiland	Freiland	Freiland	Freiland	Lager	Lager
	Eisbergsalat				Gewächshaus	Gewächshaus/Freiland	Freiland	Freiland	Freiland	Freiland	Gewächshaus/Freiland	Gewächshaus	
	Kohlrabi				Gewächshaus	Gewächshaus/Freiland	Freiland	Freiland	Freiland	Freiland	Freiland		
	Radieschen				Gewächshaus	Freiland	Freiland	Freiland	Freiland	Freiland	Gewächshaus	Gewächshaus	
	Gurke					Gewächshaus	Gewächshaus	Gewächshaus/Freiland	Gewächshaus/Freiland	Gewächshaus/Freiland	Gewächshaus		
	Paprika						Gewächshaus	Gewächshaus	Gewächshaus/Freiland	Gewächshaus/Freiland	Gewächshaus/Freiland		
	Tomaten						Gewächshaus	Gewächshaus	Gewächshaus/Freiland	Gewächshaus/Freiland	Gewächshaus/Freiland		
		Jan	Feb	März	Apr	Mai	Juni	Juli	Aug	Sept	Okt	Nov	Dez

Lager | Freiland | Gewächshaus

Anhang

Literatur

ELMADFA, I.: Ernährungslehre. Ulmer, Stuttgart, 2004
ELMADFA, I.; FRITZSCHE, D.: Unsere Lebensmittel. Ulmer, Stuttgart, 2005
ELMADFA, I.; LEITZMANN, C.: Ernährung des Menschen. Ulmer, Stuttgart, 2004
ELMADFA, I.; AIGN, W.; MUSKAT, E.; FRITZSCHE, D.: Die große GU Nährwert Kalorien Tabelle. Gräfe und Unzer, München, 2005
Ernährungsbericht 2004: Hrsg: Deutsche Gesellschaft für Ernährung: Frankfurt/Main
Österreichischer Ernährungsbericht 2003: ELMADFA, I. et al., Hrsg: Institut für Ernährungswissenschaften der Universität Wien, Wien 2003
European Nutrition and Health Report, ELMADFA, I., WEICHSELBAUM et al., Wien, 2004
Deutsche Gesellschaft für Ernährung: Referenzwerte für die Nährstoffzufuhr. Umschau Braus GmbH, Frankfurt am Main, 2000

Unter **www.fruehstuecksumfrage.de** könnt ihr euch aus dem Internet die „Große Frühstücksumfrage in der Klasse“ kostenlos herunterladen.

Bildquellen

BEGSTEIGER: Seite 25, 38, 53
CMA: Seite 45
OLIVER EGER, Langerringen: Grafiken
IFA Bilderteam: Seite 43
LARRY DALE GORDON / gettyimages: Umschlagfoto
PixelQuelle.de: Seite 9, 24, 33, 37, 82
REGINA KUHN: Seite 28
HANS REINHARD, Heiligkreuzsteinach: Freisteller Erdbeeren
FRIDHELM VOLK, Stuttgart: alle Rezeptfotos, alle übrigen Freisteller
WALDHÄUSL: Seite 7, 17, 31
INGO WANDMACHER, Hamburg: Freisteller Bananen und Trauben

Register

Die Autoren
Dipl. oec. troph. Doris Fritzsche arbeitet als unabhängige ernährungstherapeutische Beraterin, als Sachbuchautorin und in der Weiterbildung.

Prof. Dr. Ibrahim Elmadfa ist Professor am Institut für Ernährungswissenschaften der Universität Wien.

Bibliografische Information der Deutschen Bibliothek
Die Deutsche Bibliothek verzeichnet diese Publikation in der Deutschen Nationalbibliografie; detaillierte bibliografische Daten sind im Internet über http://dnb.ddb.de abrufbar.

Wollgrasweg 41, 70599 Stuttgart (Hohenheim)
E-Mail: info@ulmer.de
Internet: www.ulmer.de
Lektorat: Antje Springorum, Ina Vetter
Herstellung: Silke Reuter
Umschlagentwurf: red.sign, Anette Vogt, Stuttgart
Reproduktion: BRK, Stuttgart
Druck und Bindung: Appl, Wemding
Printed in Germany

ISBN-13: 978-3-8001-5168-4
ISBN-10: 3-8001-5168-5